T0247228

CALLE DE
SENTIDO
ÚNICO
WALTER
BENJAMIN
CALLE DE
SENTIDO
ÚNICO
WALTER
BENJAMIN

Traducción de **Ariel Magnus**
Ilustraciones de **Arnal Ballester**

ALMA PENSAMIENTO ILUSTRADO

Título original: *Einbahnstraße* 1928

www.editorialalma.com
@almaeditorial

Traducción cedida por El cuenco de Plata Ediciones

Diseño de la colección: Estudi Miquel Puig
Diseño de cubierta: Estudi Miquel Puig
Realización editorial: La Letra, S.L.

ISBN: 978-84-18933-72-1
Depósito legal: B. 4033-2023

Impreso en España
Printed in Spain

Este libro contiene papel de color natural de alta calidad que no amarillea (deterioro por oxidación) con el paso del tiempo y proviene de bosques gestionados de manera sostenible.

TABLA

PRESENTACIÓN

Empezar a leer *Calle de sentido único* es entrar de lleno en la tierra del paseante y visitarla acompañado de uno de los más míticos *flâneurs* —quien, de hecho, popularizó el uso de este término—: Walter Benjamin (Berlín, 1892-Portbou, 1940). El filósofo, hijo de una familia de judíos asimilados, pasó su vida recorriendo Europa espoleado por la bélica e inestable coyuntura de la primera mitad del siglo XX. Esa condición entre el nómada y el exiliado explica probablemente el estilo urgente y fragmentario de su obra, como si su propio movimiento lo obligara a escribir siempre en marcha y a fotografiar, con palabras, los escenarios por los que transitaba, que lo admiraron y afligieron a partes iguales.

En su escritura vibra el pulso de la modernidad. Aunque sin duda se embebió del romanticismo y el idealismo, los dos pesos pesados de su cultura germánica en ese momento, el autor supo alejarse de ellos para trascenderlos. Fue un pensador libre con una mirada propia, individual, que se posa también en lo concreto, lo único. De esta forma, lo que nos muestra, lo que tradicionalmente llamaríamos su *objeto de estudio*, no se adscribe, como ocurría con aquellos, en lo abstracto. Todo lo contrario: se fija en los detalles, ya sean los objetos, las casas o los gestos cotidianos de quienes los poseen o habitan, y al final lo que ocurre es que todo eso se convierte en un gran archivo de sucesos y, al cabo, en el gran retrato social de la humanidad que acaba conformando su obra.

Desde los libros más literarios como *Infancia en Berlín* o *Diario de Moscú* hasta la que posiblemente sea su obra capital, *El libro de los pasajes* —que debía ser el libro sobre París y acabó convirtiéndose en una filosofía de la historia del siglo XIX—, encontramos la frescura de los nuevos tiempos, por decirlo así, que proviene también de la voz próxima y casi mundana del narrador —siempre él—, y que se convierte en el oxígeno con el que los lectores de hoy —adictos a la autoficción y el autorretrato— respiramos sus textos.

Pero volvamos al inicio. Publicada en 1928, *Calle de sentido único* recopila las impresiones que anotó desde que en 1924 conociera en Capri a Asja Lācis —la mujer hacia quien se dirige esta calle— hasta 1926. La obra es, sin duda, la manera más directa de abordar el pensamiento de Benjamin. Tan breve como singular, está compuesta por una sucesión de fragmentos encabezados, cada uno de ellos, por un epígrafe que parece evocar la señalética de una calle —la que bosqueja el conjunto—. El autor elije muy bien qué contar, dónde poner el foco: las escenas más pequeñas y los detalles minúsculos de cada una de ellas, que describe siempre de su puño y letra —una letra miniaturizada con el paso de los años—. Desfilan, por esta calle en la que todo cabe, las visitas de los marineros a las tabernas durante su eventual desembarco; el rico en su residencia repleta de habitaciones adornadas con mobiliario exótico y exuberante; el proletario en la casa de apuestas, en un intento desesperado por cambiar su destino; el niño enfundado en su pijama al que los mayores obligan a dar las buenas noches a los invitados antes de irse a la cama. Los pensamientos más íntimos de quien nos habla o el relato del flujo descontrolado que tiene lugar en sus sueños. Y es así como, desde esa atención microscópica a veces, y espectadora otras, consigue hablarnos de los temas fundamentales: la infancia, la vida y el amor, pero también la situación económica, la precariedad laboral y la lucha de clases en una Alemania —y una Europa— que empezaba a precipitarse hacia la catástrofe que el autor vaticinaba ya aquí.

Como suele ocurrir con todo lo fragmentario —o quizá con lo benjaminiano— este texto está atravesado por el misterio. ¿Hay alguna clave por descubrir? ¿Hay que buscar en él el rastro de algún hilo invisible? ¿Se amaga algún secreto en el orden de sus partes? ¿Habrá mandado su autor un mensaje oculto —o a la vista de todos— a la destinataria de este texto? Quizá tú, lector tenaz, puedas descubrirlo. Adelante.

CALLE DE
SENTIDO
ÚNICO
WALTER
BENJAMIN
CALLE DE
SENTIDO
ÚNICO
WALTER
BENJAMIN

Esta calle se llama
Calle Asja-Lācis
por aquella que,
como ingeniera,
la abrió en el autor

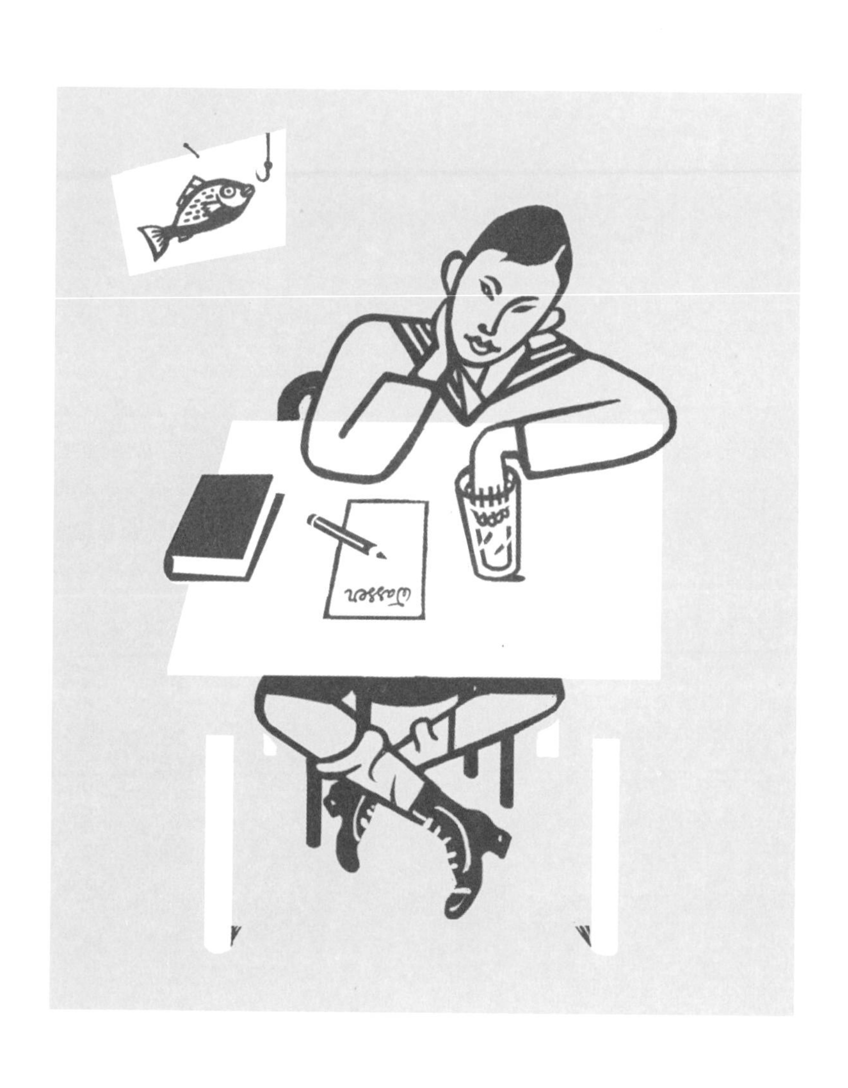
Wasser

ESTACIÓN DE SERVICIO

La construcción de la vida se encuentra de momento mucho más en poder de los hechos que de las convicciones. Y de ese tipo de hechos que casi nunca han servido en ningún lado como base de convicciones. En estas circunstancias, la auténtica actividad literaria no puede pretender desarrollarse dentro de un marco literario: antes bien, esa es la expresión acostumbrada de su esterilidad. La eficacia literaria trascendente solo puede consumarse en la estricta alternancia entre hacer y escribir; debe cultivar los discretos formatos de la octavilla, el folleto, el artículo de revista y el cartel publicitario, que se corresponden mejor con su influencia en las comunidades activas que el pretencioso gesto universal del libro. Solo este lenguaje inmediato se muestra eficazmente a la altura de la época. Las opiniones son al gigantesco aparato de la vida social lo que el aceite a las máquinas; uno no se para ante una turbina y la riega con lubricante. Se le aplica un poco en remaches y ranuras ocultas, que hay que conocer.

SALA DE DESAYUNO

Una tradición popular desaconseja contar los sueños por la mañana, en ayunas. En ese estado, la persona que acaba de despertar permanece bajo el influjo del sueño. El aseo solo saca a la luz la superficie del cuerpo y sus funciones motoras visibles, mientras que en las capas más profundas la gris aurora onírica persevera durante la ablución matinal, incluso se afianza en la soledad de la primera hora de vigilia. Quien rehúye el contacto con el día, ya sea por timidez o para resguardar su intimidad, prefiere no comer y rechaza el desayuno. Así evita la ruptura entre el mundo nocturno y el diurno. Una precaución que solo se justifica incinerando el sueño en el concentrado trabajo matinal, cuando no en el rezo, pues, si no, acaban confundiéndose los ritmos vitales. En este estado, informar sobre los sueños resulta fatídico, porque el hombre, confabulado aún a medias con el mundo onírico, lo delata con sus palabras y debe atenerse a su venganza. Dicho en términos más modernos: se traiciona a sí mismo. Se ha emancipado de la protección de su soñadora ingenuidad y, al tocar su historia onírica sin dominarla, queda expuesto. Pues solo desde la otra orilla, desde la claridad del día, se puede abordar el sueño desde la superioridad del recuerdo. Este más allá del sueño solo puede alcanzarse en una ablución que es análoga al aseo, pero completamente distinta a él. Pasa por el estómago. Quien está en ayunas habla del sueño como si hablara dormido.

N.º 113

Las horas que contienen la forma han
transcurrido en la casa del sueño.

SÓTANO

Hace tiempo que hemos olvidado el ritual según el cual se erigió la casa de nuestras vidas. Pero si es atacada y ya caen las bombas del enemigo, qué de antigüedades demacradas y anómalas no quedan al descubierto en los cimientos. Cuántas cosas terminaron hundidas y sacrificadas ahí bajo fórmulas mágicas, qué escalofriante gabinete de curiosidades, cuyos pozos más profundos están reservados para lo más cotidiano. En una noche de desesperación soñé con mi primer amigo de la escuela, a quien no veo desde hace décadas y a quien apenas he recordado en este lapso de tiempo, renovando con pasión la amistad y la fraternidad. Al despertar quedó claro: lo que la desesperación había traído a la luz como una detonación era el cadáver de esta persona, que estaba emparedado y debía hacer que quien alguna vez viviera aquí no se le pareciera en nada.

VESTÍBULO

Visita a la casa de Goethe. No recuerdo haber visto habitaciones en el sueño. Era una serie de pasillos blanqueados como los de una escuela. Los extras del sueño son dos visitantes inglesas mayores y un guarda. El guarda nos insta a registrarnos en el libro de visitas, que yace abierto sobre un atril junto a la ventana en el extremo de un pasillo. Cuando me acerco y lo hojeo, encuentro que mi nombre ya está anotado con una letra infantil, grande y torpe.

COMEDOR

Durante un sueño me vi en el estudio de Goethe. No tenía ningún parecido con el de Weimar. Lo más destacable es que era muy pequeño y tenía una sola ventana. En la pared opuesta estaba apoyado el escritorio por su lado más angosto. Sentado ante él escribía el poeta, de edad avanzada. Yo estaba a su lado cuando se detuvo para regalarme un pequeño jarrón, una antigua vasija. Le di la vuelta entre mis manos. La pieza transmitía muchísimo calor. Goethe se levantó y entró conmigo a la habitación contigua, donde había dispuesta una larga mesa para toda mi parentela. Aunque parecía estar calculada para muchas más personas que las que contaba la misma. Probablemente la habían puesto también para los antepasados. Me senté junto a Goethe en el extremo derecho. Una vez terminada la comida, se levantó con dificultad y con un gesto le pedí permiso para sostenerlo. Al rozar su codo, empecé a llorar de la emoción.

PARA HOMBRES

Tratar de convencer es estéril.

RELOJ REGULADOR

Para los grandes, las obras terminadas resultan más livianas que aquellos fragmentos en los que el trabajo se extiende a lo largo de su vida, pues solo el más débil y disperso se alegra inconmensurablemente al terminar algo y siente que vuelve a tener la vida en sus manos. El genio carece de cualquier tipo de cesura, los duros golpes del destino caen como suave sueño sobre el sudor de su taller. Y traslada su influjo al fragmento. «El genio es sudor.»

¡VUELVE, TE PERDONAMOS!

Como quien hace una gran voltereta en la barra fija, de joven uno mismo hace rodar la rueda de la fortuna, en la que tarde o temprano sale el premio gordo. Pues solo aquello que ya sabíamos o hacíamos a los quince años constituirá algún día nuestro atractivo. Y por eso hay algo que nunca se puede reparar: no haberse escapado de los padres. De la experiencia de estar cuarenta y ocho horas a la deriva en esos años se forma, como en una solución cáustica, el cristal de la felicidad de la vida.

VIVIENDA DE DIEZ HABITACIONES AMUEBLADA SEÑORIALMENTE

La única descripción satisfactoria del estilo del mobiliario de la segunda mitad del siglo XIX, a la vez que su único análisis, la proporcionan cierto tipo de novelas policíacas, en cuyo dinámico centro se halla el terror del hogar. La disposición de los muebles es a la vez el plano general de las trampas mortales, y la hilera de habitaciones indica el camino de huida. Que justo este tipo de novela comience con Poe (es decir, en un tiempo en el que aún no existían casi esa clase de moradas) no prueba nada en su contra. Pues los grandes escritores, sin excepción, practican sus combinaciones en un mundo que viene después que ellos, como las calles parisinas de los poemas de Baudelaire, que aparecieron justo después del 1900, o los personajes de Dostoievski, que tampoco existían con anterioridad. El interior burgués de los años sesenta a noventa, con sus inmensas alacenas rebosantes de repliegues, los rincones de sombra con su palmera, el mirador escudado por la balaustrada y los largos corredores con la llama de gas cantarina, como morada es adecuado únicamente para un cadáver. «Sobre este sofá, la tía no puede sino ser asesinada.» Solo frente al cadáver la exuberancia desalmada del mobiliario se vuelve auténtico confort. Mucho más interesante que el Oriente paisajístico de las novelas policíacas es el exuberante carácter oriental de sus interiores: la alfombra persa y la otomana, la lámpara colgante y la noble daga caucásica. Detrás de los kílim pesadamente apilados, el dueño de la casa celebra sus orgías con los títulos bursátiles y se siente como el mercader oriental, el indolente pachá en el caravasar de ocioso encantamiento, hasta que una hermosa tarde aquella daga de vaina plateada que cuelga sobre el diván pone fin a su siesta y a él mismo. Este carácter de la vivienda burguesa, que tiembla a la espera del asesino anónimo como una anciana libidinosa a la espera del galán, ha sido abordado por algunos autores que perdieron sus merecidas reputaciones al ser considerados «autores policíacos», tal vez también porque en sus escritos se expresa una porción del pandemonio burgués. Conan Doyle tiene en algunos de sus escritos lo que aquí se quiso decir; la escritora A. K. Green lo expuso en una vasta producción y, con *El fantasma de la ópera*, una de las grandes novelas sobre el siglo XIX, Gaston Leroux llevó este género a su apoteosis.

PRODUCTOS CHINOS

Hoy en día nadie tiene permitido anquilosarse en lo que «sabe». La fuerza radica en la improvisación. Todos los golpes decisivos se darán sin esfuerzo. Hay un portal, al inicio de un largo camino, que baja hasta la casa de..., a quien yo visitaba todas las tardes. Desde que ella se mudó, la apertura del arco de este portal pasó a estar ante mí como una oreja que ha perdido la audición. A un niño en pijama no se le puede forzar a saludar a una visita. Los presentes, desde su superioridad moral, en vano lo instan a que olvide su pudor. Unos minutos después aparece completamente desnudo ante el visitante. Mientras tanto, se ha aseado.

La fuerza de una carretera es distinta si uno anda por ella o la sobrevuela con un aeroplano. También la fuerza de un texto es diferente si se lo lee o se lo copia. Quien vuela solo ve cómo la carretera atraviesa el paisaje, la ve desarrollarse siguiendo las mismas leyes que el terreno que la rodea. Solo quien anda por la ruta experimenta su poderío y cómo ese terreno, que para quien vuela no es más que una planicie extendida, se va disponiendo, a cada curva, en lejanías, miradores, claros y perspectivas, como las órdenes del comandante a los soldados que están en el frente. De la misma manera, solo el texto copiado capitanea el alma de quien se ocupa de él, mientras que el mero lector nunca llega a conocer las nuevas visiones de su ser interior, tal como las abre el texto, esa ruta que atraviesa una selva interior cada vez más densa: porque el lector obedece al movimiento de su propio yo en la zona aérea libre de la ensoñación, mientras que el copista deja que lo dirijan. Por esa razón, la práctica china de reproducir libros era una garantía incomparable de cultura literaria, y la copia, la clave para descifrar los enigmas de China.

GUANTES

La sensación predominante en el asco a los animales es el miedo a que nos reconozcan al tocarlos. Lo que se espanta en lo profundo del hombre es la oscura consciencia de que en él vive algo tan poco ajeno para el animal asqueroso que este podría reconocerlo. Todo asco es originalmente asco al contacto. El dominio solo logra pasar por alto esa sensación con gestos erráticos y exagerados: abrazará fuerte lo asqueroso, lo comerá, mientras que la zona del más leve roce epidérmico seguirá siendo tabú. Solo así puede satisfacerse la paradoja de la exigencia moral que demanda de las personas la superación y al mismo tiempo el cultivo más sutil de la sensación de asco. No tiene permitido negar su parentesco bestial con la criatura, a cuya llamada responde su asco: debe convertirse en su amo.

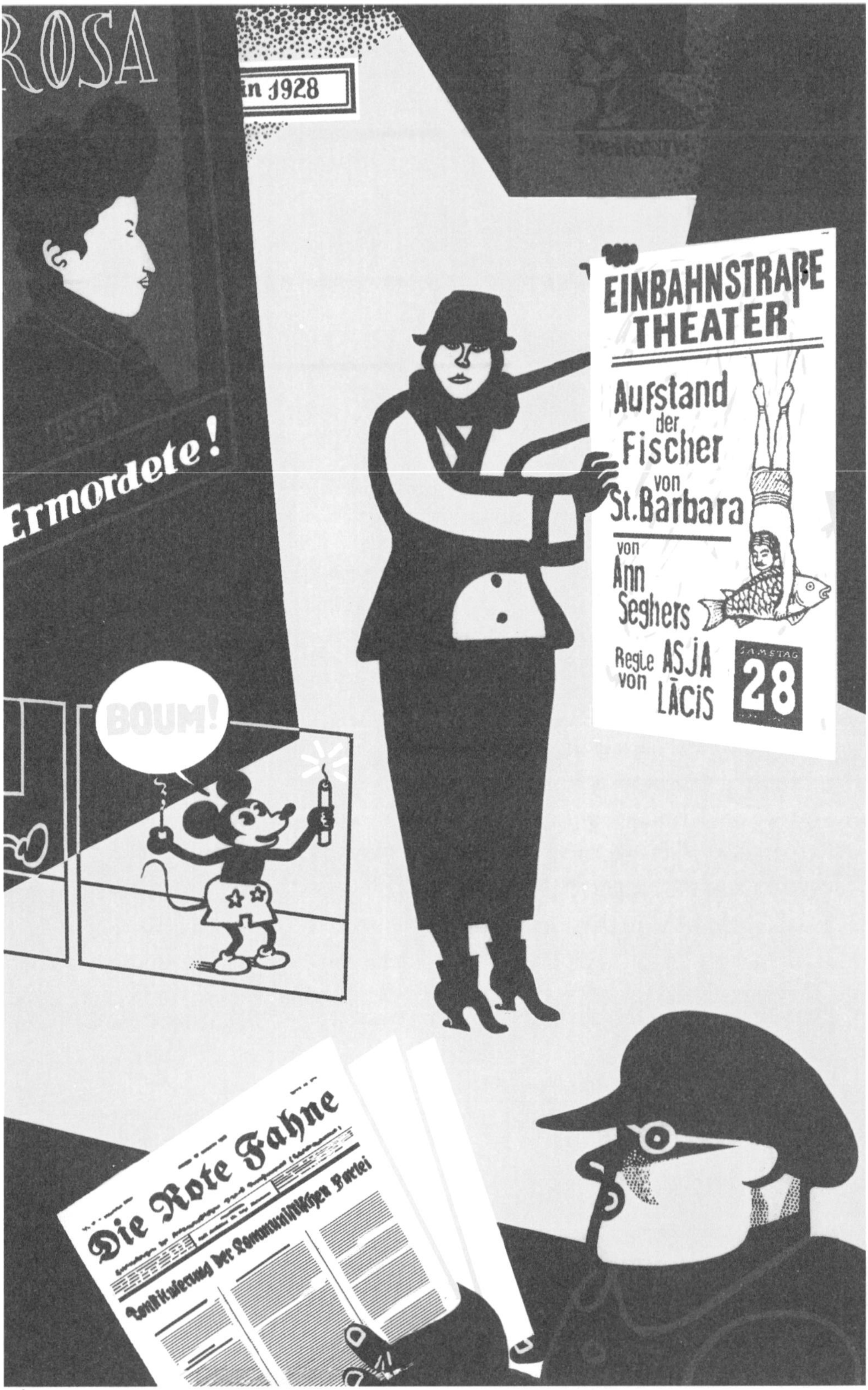
ROSA
in 1928
Ermordete!
EINBAHNSTRAßE THEATER
Aufstand der Fischer von St. Barbara
von Ann Seghers
Regie von ASJA LĀCIS
SAMSTAG 28
BOUM!
Die Rote Fahne
Zentralorgan der Kommunistischen Partei

EMBAJADA MEXICANA

> Nunca paso frente a un fetiche de madera, un buda dorado, un ídolo mexicano, sin decirme: «Tal vez sea el verdadero dios».
>
> CHARLES BAUDELAIRE

Soñé que estaba en México, como miembro de una expedición. Tras haber atravesado una selva de árboles de gran altura, llegábamos a un sistema de cuevas superficiales en la montaña, donde desde los tiempos de los primeros misioneros seguía activa una orden cuyos hermanos continuaban con la tarea de conversión de los nativos. En una inmensa gruta central, con techo de punta gótica, tenía lugar un servicio religioso según el rito más antiguo. Nos acercábamos y podíamos ver su apogeo: un sacerdote elevaba un fetiche mexicano hacia un busto de madera de Dios Padre, expuesto a gran altura sobre la pared de la caverna. En ese momento, la cabeza de Dios se movió, negando tres veces de derecha a izquierda.

SE RUEGA AL PÚBLICO CUIDAR DE ESTAS PLANTACIONES

¿Qué es lo que «se soluciona»? ¿No quedan atrás las preguntas de la vida vivida, como un árbol caído que nos impedía la visión? Casi ni se nos ocurre talarlo, ni siquiera podarlo. Seguimos avanzando, lo dejamos a nuestras espaldas y, si bien desde lejos se lo puede abarcar con la mirada, queda confuso, vago y tanto más enigmáticamente embrollado.

El comentario y la traducción se comportan respecto del texto como el estilo y la mímesis respecto a la naturaleza: el mismo fenómeno bajo distintos puntos de vista. En el árbol del texto sagrado, ambos son solo las hojas eternamente susurrantes; en el árbol del texto profano, los frutos que caen a su debido tiempo. Quien ama no solo siente apego por los «defectos» de la amada, por las manías y las debilidades de una mujer: las arrugas en el rostro y los lunares, los vestidos gastados y un andar torpe lo unen a ella de manera mucho más duradera e inflexible que cualquier belleza. Hace tiempo que se sabe esto. ¿Y por qué? Si es verdad la teoría que dice que la sensación no anida en la cabeza, que nosotros no sentimos una ventana, una nube o un árbol en el cerebro, sino más bien en el lugar en el que los vemos, entonces también al mirar a la amada estamos fuera de nosotros mismos, pero atormentadamente tensos y hechizados, en este caso. Encandilada, la sensación revolotea como una bandada de pájaros en el brillo de la mujer. Y así como los pájaros buscan resguardo en los frondosos escondites del árbol, las sensaciones huyen hacia las arrugas sombrías, los gestos desgarbados y las máculas imperceptibles del cuerpo amado, donde se agazapan protegidos en la guarida. Y ninguno que pase por delante adivinará que precisamente aquí, en lo deficiente, en lo reprochable, anida el flechazo de la exaltación amorosa del admirador.

OBRA EN CONSTRUCCIÓN

Es tonto cavilar pedantemente sobre la fabricación de objetos (material visual, juguetes o libros) que sean aptos para niños. Desde la Ilustración, esta es una de las especulaciones más rancias de los pedagogos. Su afición por la psicología les impide advertir que la tierra está llena de los más incomparables objetos que despiertan la atención y la práctica de los niños. Y de los más determinados. Pues los niños se inclinan especialmente por visitar cualquier lugar de trabajo donde se vea cómo se manipulan las cosas. Sienten una atracción irresistible por los desechos que genera la construcción, por los trabajos de jardinería o las tareas domésticas, por la costura y la carpintería. En estos productos residuales reconocen el rostro que el mundo de los objetos les muestra a ellos y solo a ellos. Con estos desechos no reproducen las obras de los adultos, sino que ponen en nueva e inesperada relación materiales heterogéneos, a través del juego. De este modo, los niños construyen por sí mismos su mundo objetual, uno pequeño dentro del grande. Habría que tener presentes las normas de este pequeño mundo cuando se quiera hacer algo deliberadamente para niños, si no se le quiere dar preferencia a que la propia actividad, con todo lo que en ella es accesorio e instrumental, encuentre por sí misma el camino hacia ellos.

MINISTERIO DEL INTERIOR

Cuanto más hostil sea una persona a lo tradicional, mayor será el rigor con que someterá su vida privada a las normas que quiera erigir en legisladoras de una sociedad futura. Es como si estas normas, que en ningún lugar se han materializado todavía, le impusieran la obligación de prefigurarlas, aunque no sea más que en su propio ámbito cotidiano. En cambio, la persona que se sabe en consonancia con las tradiciones más antiguas de su clase o de su pueblo por momentos contrapone manifiestamente su vida privada a las máximas que defiende de manera inflexible en la vida pública y, en secreto, valora su conducta, sin el más leve remordimiento de conciencia, como la prueba más decisiva de la inquebrantable autoridad de los principios que promulga. Así se diferencian los tipos políticos del anarcosocialista y del conservador.

BANDERA...

¡Cuánto más fácil querer a quien se despide! Pues arde para quien se aleja con mayor pureza, alimentada por la efímera tela que se agita desde el barco o la ventanilla del tren. La distancia penetra como un pigmento en quien desaparece, impregnándolo de un suave ardor.

… A MEDIA ASTA

Cuando muere una persona muy cercana, hay algo en los acontecimientos de los meses sucesivos en lo que creemos percibir que (por mucho que nos hubiera gustado compartirlo con él) solo pudo desarrollarse gracias a su alejamiento. Al final saludamos a esa persona en un idioma que ya no entiende.

PANORAMA IMPERIAL

VIAJE A TRAVÉS DE LA INFLACIÓN ALEMANA

I. Dentro del tesoro de frases hechas en las que a diario se revela el estilo de vida del burgués alemán, esa fusión de estupidez y cobardía, encontramos una especialmente memorable, la de la catástrofe inminente, según la cual «esto no puede seguir así». La torpe fijación por los conceptos de seguridad y propiedad de décadas anteriores le impide al hombre común percibir las estabilidades de tipo completamente novedoso que subyacen tras la situación actual. Puesto que se vio beneficiado por la relativa estabilidad de los años previos a la guerra, cree necesario considerar inestable cualquier situación que le signifique un desposeimiento. Pero las condiciones estables jamás necesitan ser condiciones cómodas, y ya antes de la guerra había capas para las que las condiciones de estabilidad eran una estable miseria. La decadencia no es para nada menos estable ni menos sorprendente que el auge. Solo un cálculo que admita cifrar en la caída la única razón de la situación actual podría, superando el debilitador asombro ante lo que se repite a diario, considerar los fenómenos de la decadencia lo estable por antonomasia y solo la salvación algo extraordinario, lindante con lo maravilloso e inconcebible. Las comunidades de Europa Central viven como habitantes de una ciudad cercada por los cuatro costados, a quienes se les están acabando los víveres y la pólvora, y que en términos humanos ya casi no tienen esperanza de salvación. Un caso en el que habría que considerar con toda seriedad rendirse, tal vez de manera incondicional. Pero el poder mudo e invisible ante el que se siente enfrentada Europa Central no negocia, de modo que, en la perpetua expectativa del asalto final, solo queda dirigir las miradas hacia lo extraordinario, donde reside la única salvación posible. Sin embargo, este estado de tensa y resignada atención que se nos exige podría, puesto que estamos en misterioso contacto con las fuerzas que nos sitian, provocar realmente el milagro. Por el contrario, la expectativa de que así no se puede seguir se rendirá algún día ante la evidencia de que, para el sufrimiento, tanto del individuo como de la comunidad, solo existe una frontera más allá de la cual no se puede seguir: la aniquilación.

11. Una paradoja peculiar: la gente cuando actúa solo tiene en mente el propio y más mezquino interés, pero al mismo tiempo su conducta se ve determinada más que nunca por los instintos de la masa. Y más que nunca los instintos de la masa se han vuelto erróneos y ajenos a la vida. Allí donde la oscura pulsión del animal (como relatan innumerables anécdotas) encuentra la salida para el peligro acechante, pero aún aparentemente invisible, esta sociedad, en la que cada miembro solo tiene en mente su propio rastrero bienestar, cae como una masa ciega, con abulia animal pero sin el saber abúlico de los animales, en cualquier peligro, hasta el más próximo, y la diversidad de los objetivos individuales se vuelve irrelevante ante la identidad de las fuerzas determinantes. Una y otra vez se ha demostrado que su inclinación por la vida ordinaria, ya perdida hace tiempo, es tan rígida que hace fracasar la utiliza-

ción netamente humana del intelecto, la previsión, incluso ante el peligro más drástico. De este modo se completa en esta sociedad la imagen de la estupidez: inseguridad o hasta perversión de los instintos vitales, e impotencia o hasta decadencia del intelecto. Este es el estado de la totalidad de los ciudadanos alemanes.

III. Todas las relaciones humanas íntimas se ven afectadas por una intolerable y penetrante claridad, a la que apenas si logran resistir, pues, por un lado, el dinero se encuentra de manera desoladora en el centro de todos los intereses vitales, pero por el otro, eso constituye la barrera ante la que fracasan casi todas las relaciones humanas, de modo que, tanto en la esfera de lo natural como en la de lo moral, van desapareciendo la espontánea confianza, la tranquilidad y el bienestar.

IV. No en vano suele hablarse de la miseria «al desnudo». Lo más calamitoso de su exhibición, que empezó a ser costumbre bajo la ley de la necesidad y que sin embargo deja al descubierto solo una milésima parte de lo que oculta, no es la compasión o la conciencia igualmente horrorosa de la propia intangibilidad que despierta en el espectador, sino su pudor. Resulta imposible vivir en una metrópolis alemana, donde el hambre obliga a los más miserables a vivir de las monedas con que los paseantes buscan cubrir una desnudez que los hiere.

V. «Pobreza no es vileza.» Muy bien. Pero ellos envilecen al pobre. Lo hacen y lo consuelan con el refrancito. Uno de esos refranes que alguna vez se pudo dar por válido, pero cuya fecha de vencimiento expiró hace tiempo. Lo mismo que aquel brutal de «Quien no trabaja, no come». Cuando había trabajo que alimentaba al hombre también había una pobreza que no lo envilecía, si le alcanzaba una mala cosecha u otro infortunio. Pero sí envilece esta indigencia en la que nacen millones y en la que se ven envueltos cientos de miles de personas empobrecidas. La suciedad y la miseria se alzan a su alrededor como muros construidos por manos invisibles. Y así como el individuo puede tolerar muchas cosas, pero siente justa vergüenza cuando su mujer lo ve soportarlas y ella misma las aguanta, el individuo puede aguantar muchas cosas mientras esté solo y puede aguantarlo todo mientras lo oculte. Pero jamás debe uno hacer las paces con la pobreza, cuando esta cae como una sombra gigantesca sobre su pueblo y su hogar. Debe mantener despiertos sus sentidos para cada humillación que se les dispense y disciplinarlos el tiempo que sea necesario hasta que su sufrimiento no allane ya el camino descendiente de la aflicción, sino el ascendente sendero de la revuelta. Pero no hay aquí esperanza alguna mientras cada uno de los horribles y oscurísimos destinos, discutidos cada día y aun cada hora por la prensa en todas sus aparentes causas y consecuencias, no ayuden a nadie a reconocer las oscuras fuerzas a las que se ha terminado sometiendo su vida.

VI. Al extranjero que observa superficialmente la forma de vida alemana, o que incluso ha viajado por el país durante poco tiempo, sus habitantes le parecen no menos extraños que una raza exótica. Un ingenioso francés dijo: «Muy rara vez un alemán se entenderá a sí mismo. Si llega a entenderse, no lo dirá. Si lo dice, no se hará entender». La guerra acentuó esta desconsoladora distancia, y no solo por las atrocidades, reales y legendarias, que se contaron sobre los alemanes. Antes bien, lo que termina de completar el grotesco aislamiento de Alemania a ojos de otros europeos, lo que en el fondo crea en ellos la idea de que al tratar con alemanes están frente a hotentotes (como se los ha llamado muy correctamente), es la violencia, del todo inconcebible para los foráneos y por completo inconsciente para los prisioneros, con la que las condiciones de vida, la miseria y la estupidez someten a las personas, en este escenario, a las fuerzas comunitarias, como solo la vida de un hombre primitivo se halla determinada por los códigos del clan. Para los alemanes se ha perdido el más europeo de todos los bienes: esa ironía más o menos explícita con que la vida del individuo pretende distinguirse de la existencia de la comunidad en la que ha ido a parar.

VII. Se va perdiendo la libertad en la conversación. Si antes era natural en las conversaciones preocuparse por el otro, ahora impera la pregunta acerca del precio de sus zapatos o de su paraguas. Ineludiblemente se cuela en cada situación social el tema de las condiciones de vida, del dinero. Y no es que se hable de las preocupaciones y las penurias de cada uno, pues así tal vez estarían en condiciones de ayudarse mutuamente, sino que se discute la situación general. Es como estar atrapado en un teatro y tener que observar la obra sobre el escenario, se quiera o no, con la obligación de convertirla una y otra vez, se quiera o no, en el objeto de pensamientos y charlas.

VIII. Quien no se sustrae a la contemplación de la decadencia, pronto pasará a valerse de alguna justificación especial para su propia permanencia, su propia actividad y participación en este caos. Hay tantos discernimientos del fracaso general como excepciones para el círculo de influencia, el lugar de residencia y la coyuntura de uno. En casi todas partes se impone la ciega voluntad de salvar el prestigio de la propia existencia, en vez de al menos despegarla del trasfondo de encandilamiento generalizado mediante la apreciación sobria de su impotencia y su embrollo. Por eso el aire está tan lleno de teorías sobre la vida y de cosmovisiones, que en este país dan la impresión de ser tan arrogantes porque casi siempre solo sirven para autorizar alguna situación personal sin importancia. Y, precisamente porque cada cual se compromete con las ilusiones ópticas de su punto de vista aislado, el aire está tan lleno de quimeras y espejismos de un futuro cultural que, pese a todo, irrumpe floreciente de la noche a la mañana.

IX. Las personas acorraladas en el territorio de este país han perdido de vista el contorno de la figura humana. Toda persona libre les parece un excéntrico. Imaginemos las cadenas montañosas de los Alpes, pero no recortándose contra el cielo, sino contra los pliegues de un paño oscuro. Las inmensas formas destacarían solo de manera vaga. Exactamente así un pesado telón ha cubierto el cielo de Alemania y hemos dejado de ver el perfil hasta de los más grandes hombres.

X. El calor de las cosas está menguando. Los objetos de uso diario rechazan, de manera suave pero perseverante, al hombre. En consecuencia, este debe efectuar a diario un ingente trabajo para superar las resistencias secretas (y no solo las manifiestas) que le presentan las cosas. Debe compensar su frialdad con calor propio, para no congelarse, y tomar sus espinas con infinita destreza, para no desangrarse. Que no espere ninguna ayuda de sus conciudadanos. El revisor del tren, el empleado estatal, el obrero y el vendedor: todos se sienten representantes de una materia reacia, cuya peligrosidad se afanan por sacar a la luz a través de la propia rudeza. Y hasta el propio país está confabulado en la degeneración de las cosas, con la que estas castigan al hombre, secundando la decadencia humana. Consume al hombre igual que las cosas, y la primavera alemana que jamás llega es solo uno entre los innumerables fenómenos similares de la naturaleza alemana en descomposición. En ella se vive como si, contra toda ley, la presión de las columnas de aire, cuyo peso soporta cada uno, se hubiera vuelto repentinamente perceptible en estas regiones.

XI. El despliegue de todo movimiento humano, ya sea que surja de un impulso espiritual o incluso natural, debe atenerse a la desmesurada resistencia del entorno. La emergencia habitacional y los impuestos al transporte se están encargando de destruir por completo el símbolo elemental de la libertad europea, que en cierta forma ya se daba incluso en el Medioevo: la libertad de fijar residencia. Mientras que la coacción medieval ataba a las personas a asociaciones naturales, ahora estas se encuentran encadenadas a una comunidad artificial. Pocas cosas reforzarán tanto la funesta vehemencia de la expansiva pulsión migratoria como el estrangulamiento de la libertad de fijar residencia, y nunca ha sido mayor la desproporción entre la libertad de movimiento y la riqueza de los medios de transporte.

XII. Todas las cosas pierden su expresión esencial en un irrefrenable proceso de mezcla y contaminación, donde lo ambiguo se pone en el lugar de lo genuino, y lo mismo ocurre con la ciudad. Las grandes ciudades, cuyo poder inconmensurablemente tranquilizador y confirmatorio da tregua al creador, y cuyo horizonte consigue asimismo sustraerlo de la consciencia de las fuerzas elementales siempre alertas, se muestran atravesadas en todas partes por la intrusión del campo. No por el paisaje, sino por lo que la abierta naturaleza tiene de más amargo: por el labrantío, por las carreteras, por el cielo nocturno, que ya no disimula ninguna capa de rojo vibrante. La inseguridad, incluso en las zonas concurridas, pone al ciudadano en la situación turbia y sumamente aterradora en que debe absorber en su persona, bajo las inclemencias de la solitaria llanura, los engendros de la arquitectura urbana.

XIII. Las manufacturas han perdido por completo la noble indiferencia respecto de las esferas de la riqueza y de la pobreza. Cada una le imprime un sello a su propietario, que no tiene más elección que aparecer como pobre diablo o como contrabandista. Pues mientras que el verdadero lujo es de tal índole que el espíritu y la sociabilidad logran impregnarlo y hacer que se lo olvide, lo que aquí se propaga en materia de artículos de lujo es de una masividad tan desvergonzada que cualquier irradiación espiritual se desvanece.

XIV. Desde las costumbres más antiguas de los pueblos parece llegar hasta nosotros la advertencia de cuidarnos del gesto de la codicia al recibir aquello que la naturaleza nos da en abundancia, pues nada propio tenemos nosotros para regalarle a la madre tierra. De ahí que corresponde mostrar respeto al recibirlo, restituyéndole una parte de todo lo que una y otra vez nos da, aun antes de tomar posesión de lo nuestro. Este respeto se manifiesta en la vieja costumbre de la libación. Es más, tal vez esta antiquísima experiencia moral es incluso la que se conservó, transformada, en la prohibición de recolectar las espigas olvidadas o recoger las uvas caídas, pues estas enriquecen la tierra o favorecen a los ancestros benefactores. Según la costumbre ateniense, no estaba permitido recoger las migas durante la comida, pues pertenecían a los héroes. Una vez que la sociedad ha degenerado de tal modo bajo la miseria y la codicia que solo puede recibir los dones de la naturaleza rapiñándolos, que arranca los frutos aún inmaduros para llevarlos oportunamente al mercado y que debe vaciar cada fuente solo para hartarse, su tierra se empobrecerá y el campo dará malas cosechas.

drei Mal
DER TRAU
IST DIE
WARHEIT
GÖTTLICHKEIT
MENSCHSEIN
BESTIALITÄT
usfahrt

OBRAS SUBTERRÁNEAS

Soñé con un terreno baldío. Era la plaza mayor de Weimar. En él se estaban realizando excavaciones. También yo escarbé un poco en la arena. Entonces asomó la punta de la torre de una iglesia. Muy alegre pensé: un santuario mexicano de los tiempos previos al animismo, el anaquivitzli. Me desperté riendo. (Ana = ἀνά; vi = vie; «witz»[1] = iglesia mexicana [!].)

1. «Chiste.» (*Todas las notas son del traductor.*)

PELUQUERO PARA DAMAS QUISQUILLOSAS

Tres mil damas y caballeros de la avenida Kurfürstendamm son detenidos una mañana sin mediar palabra en sus camas y encarcelados durante veinticuatro horas. A medianoche se reparte en las celdas un cuestionario sobre la pena de muerte, solicitándoles a sus firmantes que indiquen el tipo de ejecución que elegirían llegado el caso. Este escrito deberían rellenarlo en soledad y «según su entender» quienes hasta el momento solían manifestarse «a conciencia» solo cuando no se les preguntaba. Antes aún del primer albor, que desde antiguo es sagrado, aunque en este país está consagrado al verdugo, quedaría resuelta la pregunta acerca de la pena de muerte.

¡CUIDADO CON LOS ESCALONES!

El trabajo sobre una buena prosa tiene tres escalones: uno musical, en el que se la compone, uno arquitectónico, en el que se la construye, y, por último, uno textil, en el que se la teje.

CENSOR JURADO DE LIBROS

Estos tiempos son la antítesis del Renacimiento, y especialmente de la situación en la que se inventó la imprenta. Casualidad o no, su aparición en Alemania coincide con la época en que el libro, en el sentido más ilustre de la palabra, el Libro de los Libros, se popularizó mediante la traducción de la Biblia de Lutero. Ahora todo indica que el libro, en ese formato tradicional, se acerca a su fin. Mallarmé, que en la construcción cristalina de su escritura ciertamente tradicionalista, vio la verdadera imagen de lo que estaba por venir, ha incorporado por primera vez en *Un coup de dés* las tensiones gráficas de la publicidad en la tipografía. Los experimentos en la escritura que luego emprendieron los dadaístas no partían de lo constructivo, sino de la adecuada reacción del nervio de los literatos, y por ello fueron mucho menos sólidos que el intento de Mallarmé, surgido del interior de su estilo. Pero precisamente eso permite reconocer la actualidad de aquello que, de manera monódica, y en hermética alcoba, Mallarmé descubrió en armonía preestablecida con todo lo que había de decisivo en aquellos tiempos en la economía, la técnica y la vida pública. La escritura, que había encontrado asilo en el libro impreso, donde seguía una existencia autónoma, es sacada de forma impía a la calle por la publicidad y sometida a las brutales heteronomías del caos económico. Esa es la severa escolarización de su nueva forma. Si hace siglos empezó paulatinamente a inclinarse, pasando de la inscripción vertical a la oblicua letra a mano que reposa sobre atriles, para por último recostarse en la letra impresa, empieza ahora con la misma lentitud a levantarse otra vez del suelo. Ya el periódico se lee más en vertical que en horizontal, mientras que el cine y la publicidad empujan la letra hacia la verticalidad dictatorial. Y antes de que un contemporáneo llegue a abrir un libro, ha caído sobre sus ojos un torbellino tan denso de letras de molde versátiles, coloridas y contrarias, que las posibilidades de penetrar en la arcaica tranquilidad del libro han quedado disminuidas. Los enjambres de langostas escritas, que a los habitantes de las metrópolis hoy ya les ensombrecen el sol del supuesto espíritu, se harán más densos con cada año venidero. Otras exigencias del mundo de los negocios llevan más lejos. El fichero trae la conquista de la letra tridimensional, es decir, un sorprendente contrapunto respecto a la tridimensionalidad de la letra en su origen como runa o quipu. (Y el libro es hoy, como enseña el modo actual de producción científica, una mediación anticuada entre dos sistemas de ficheros distintos. Pues todo lo esencial se halla en el fichero del investigador que lo escribió, y el erudito que lo estudia lo asimila a su propio fichero.) Pero está fuera de toda duda que el desarrollo de la escritura no permanecerá unido para siempre a las pretensiones de poder de un funcionamiento caótico de la ciencia y la economía, antes bien llegará el momento en que la cantidad se volverá calidad y la escritura, que penetra cada vez más profundamente en la zona gráfica de su nuevo y excéntrico carácter figurativo, se apropie de golpe de sus contenidos adecuados. Los poetas, que al igual que en los tiempos prehistóricos serán primero y ante todo expertos en escritura, solo podrán cooperar con esta escritura ideografía si se abren a los campos en los que (sin hacer mucha bulla) se lleva a cabo su construcción: los del diagrama estadístico y técnico. Con la fundación de una escritura móvil internacional renovarán su autoridad en la vida de los pueblos y encontrarán un papel en comparación con el cual todas las aspiraciones de renovación de la retórica se revelarán como ensoñaciones vetustas.

MATERIAL DIDÁCTICO

PRINCIPIOS DEL MAMOTRETO O EL ARTE DE HACER LIBROS GORDOS

I. Todo el desarrollo debe estar atravesado por la constante y prolija elucidación del plan de escritura.

II. Se introducirán términos para los conceptos que, salvo en la definición de los mismos, no vuelvan a aparecer en todo el libro.

III. Las distinciones conceptuales penosamente conseguidas en el texto deben ser desdibujadas otra vez en las notas a sus respectivos párrafos.

IV. Para los conceptos que solo se tratarán en su sentido general deben darse ejemplos: donde se hable de máquinas, pues, han de numerarse todos sus tipos.

V. Todo lo que se sabe *a priori* de un objeto debe ser corroborado con abundancia de ejemplos.

VI. Las relaciones que pueden ser representadas gráficamente deben ser expresadas en palabras. Por ejemplo, en lugar de dibujar un árbol genealógico, se expondrán y describirán todas las relaciones de parentesco.

VII. Si a muchos rivales los une la misma argumentación, se los refutará a cada uno por separado.

La obra estándar del erudito actual está pensada para ser leída como un catálogo. ¿Cuándo llegaremos a escribir libros como si fueran catálogos? Una vez que lo malo del contenido pase de ese modo hacia el exterior, surgirá un material escrito magnífico, el valor de cuyas opiniones tendrá una cifra, sin que por eso estén a la venta. La máquina de escribir terminará alejando la pluma de la mano del escritor cuando la precisión de los moldes tipográficos entre sin mediaciones en la concepción de sus libros. Probablemente se necesiten entonces nuevos sistemas, con diseños de letras más variables, que pondrán la inervación de los imperiosos dedos en el lugar de la mano que corre. Un período cuyo ritmo, concebido métricamente, resulte perturbado *a posteriori* en un solo punto, da lugar a la frase en prosa más hermosa que se pueda imaginar. Del mismo modo, por una pequeña brecha abierta en el muro de la alcoba del alquimista, un rayo de luz la atraviesa haciendo resplandecer los cristales, las esferas y los triángulos.

¡ALEMANES, BEBAN CERVEZA ALEMANA!

La plebe está obsesionada por el odio a la vida intelectual y ha descubierto la garantía para su aniquilación en el recuento de los cuerpos. Dondequiera que les sea permitido, se ponen en fila y marchan deprisa hacia la nutrida carga de artillería y hacia la inflación de las mercancías. Nadie ve más allá de la espalda del que tiene delante y cada uno está orgulloso de ser, así, un ejemplo para quien lo sigue. Esto es lo que los hombres descubrieron hace siglos en el campo de batalla, pero el desfile militar de la miseria, el hacer cola, lo inventaron las mujeres.

KOMMUNISTEN, JUDEN, ZIGEUNER
HOMOSEXUELL
SCHWARTZE
MINDERWERTIG
ROTSPANIER
DR. ADOLF
MIT
KRUPP
THYSSEN
IG FARBEN
SIEMENS
ALLIANZ
UND
BMW
MERCEDES BENZ
BAYER
DRESDENER BANK
DIE HEILUNG
Ironie ist jüdisch
EFFIZIENZ
ENDGÜLTIGE LÖSUNG
Nacht und Nebel
NÄCHSTE ÖFFNUNG

¡PROHIBIDO FIJAR CARTELES!

LA TÉCNICA DEL ESCRITOR EN TRECE TESIS

I. Quien planea empezar la redacción de una obra voluminosa debe pasarlo bien y, una vez finalizada la jornada de trabajo, permitirse todo lo que no perjudique su continuación.

II. Habla de lo logrado, si quieres, pero no leas en público tu trabajo mientras esté en curso. Cualquier satisfacción que logres con esto refrena tu ritmo. Observando este régimen, el deseo creciente de compartir se transforma en última instancia en un motor para finalizar.

III. Cuando estés trabajando, huye del término medio de la cotidianeidad. La calma a medias, acompañada de ruidos triviales, envilece. En cambio, el acompañamiento de un estudio musical o del barullo de voces puede volverse tan significativo para el trabajo como el perceptible silencio de la noche. Si este agudiza el oído interno, aquel se vuelve piedra de toque de una dicción cuya plenitud sepulta en sí misma hasta los ruidos extraordinarios.

IV. Evita emplear útiles al azar. Aferrarse de manera pedante a ciertos papeles, plumas y tintas tiene beneficios. No el lujo, pero sí la abundancia de estos utensilios es insoslayable.

V. No dejes que ningún pensamiento pase de incógnito y lleva tu cuaderno de notas con el rigor con que las autoridades llevan su registro de extranjeros.

VI. Haz que tu pluma sea reacia a la inspiración y así la atraerá con la fuerza del imán. Cuanto más reflexiva sea la demora en la redacción de una idea, tanto más maduramente desarrollada se te entregará. El habla conquista el pensamiento, pero la escritura lo domina.

VII. No dejes nunca de escribir porque no se te ocurre nada más. El honor literario ordena solo interrumpirse para cumplir con una obligación pautada (una comida, una cita) o al finalizar el trabajo.

VIII. A la falta de inspiración llénala pasando a limpio lo ya hecho. Con ello la intuición se despertará.

IX. *Nulla dies sine linea*..., pero sí semanas.

X. Nunca consideres completa una obra ante la que no te hayas sentado una vez desde la tarde hasta bien entrado el día siguiente.

XI. No escribas la conclusión de una obra en tu lugar de trabajo acostumbrado. En él no hallarías el valor suficiente.

XII. Etapas de la redacción: idea – estilo – escritura. El sentido de pasar a limpio es que, al fijar el texto, la atención ya solo se centra en la caligrafía. La idea mata la inspiración, el estilo liga la idea, la escritura remunera el estilo.

XIII. La obra es la mascarilla mortuoria de la concepción.

TRECE TESIS CONTRA LOS ESNOBS

(El esnob en el despacho personal de la crítica de arte. A la izquierda, el dibujo de un niño; a la derecha, un fetiche. El esnob: «Ante esto, todo Picasso puede tirar la toalla».)

I. El artista crea una obra.

El primitivo se expresa en documentos.

II. La obra de arte solo de manera fortuita es un documento.

Ningún documento es, como tal, una obra de arte.

III. La obra de arte es una obra maestra.

El documento sirve de material didáctico.

IV. En la obra de arte los artistas aprenden el oficio.

Ante los documentos se educa a un público.

V. Las obras de arte se distancian unas de otras por su perfección.

En lo temático, todos los documentos se comunican.

VI. El asunto y la forma son una sola cosa en la obra de arte: contenido.

En los documentos domina por completo el tema.

VII. El contenido es lo comprobado.

El tema es lo soñado.

VIII. En la obra de arte, el tema es un lastre que la contemplación desecha.

Cuanto más se adentra uno en un documento, tanto más denso: tema.

IX. En la obra de arte, la ley de la forma es central.

En los documentos, las formas solo se encuentran dispersas.

X. La obra de arte es sintética: un centro de energía.

La fertilidad del documento requiere: análisis.

XI. La obra de arte se potencia en la contemplación repetida.

El documento solo conquista mediante la sorpresa.

XII. La virilidad de las obras está en el ataque.

Al documento su inocencia le sirve de protección.

XIII. El artista va hacia la conquista de contenidos.

El hombre primitivo se escuda tras temas.

LA TÉCNICA DEL CRÍTICO EN TRECE TESIS

I. El crítico es un estratega en la batalla literaria.

II. Quien no pueda tomar partido que guarde silencio.

III. El crítico nada tiene que ver con el exégeta de épocas pretéritas del arte.

IV. La crítica debe hablar en el idioma de los artistas. Pues los conceptos del cenáculo son consignas. Y solo en las consignas resuena el grito de guerra.

V. La «objetividad» siempre debe sacrificarse en favor del espíritu partidario, cuando valga la pena la causa por la que se lucha.

VI. La crítica es una cuestión moral. Que Goethe no apreciara a Hölderlin ni a Kleist, a Beethoven ni a Jean Paul no tiene nada que ver con su comprensión del arte, sino con su moral.

VII. Para el crítico, sus colegas son la instancia superior. No el público. Y mucho menos la posteridad.

VIII. La posteridad olvida o ensalza. Solo el crítico sentencia de cara al autor.

IX. Polémica significa destruir un libro con unas pocas de sus frases. Cuanto menos se lo estudie, mejor. Solo aquel que puede destruir puede criticar.

X. La verdadera polémica se vierte sobre un libro con el mismo cariño con que un caníbal sazona un bebé.

XI. El crítico es ajeno al entusiasmo artístico. La obra es en su mano el arma reluciente en la lucha de los espíritus.

XII. El arte del crítico *in nuce*: acuñar eslóganes, sin develar las ideas. Los eslóganes de una crítica insuficiente malvenden las ideas a la moda.

XIII. El público siempre debe estar equivocado y sin embargo sentirse invariablemente representado por el crítico.

N.º 13

Trece. Siento un placer cruel al detenerme en ese número.

MARCEL PROUST

El pliego virgen del libro, de nuevo, dispuesto para un sacrificio con que sangró el canto rojo de los antiguos tomos; la introducción de un arma, o un cortapapeles, para ejecutar la toma de posesión.

STÉPHANE MALLARMÉ

I. A los libros y a las prostitutas se los puede llevar a la cama.

II. Los libros y las prostitutas entrecruzan el tiempo. Dominan la noche como el día y el día como la noche.

III. A los libros y a las prostitutas no se les nota que para ellos los minutos son preciados. Pero si uno intima con ellos, entonces nota lo apurados que están. Hacen cuentas mientras nos adentramos en ellos.

IV. Los libros y las prostitutas comparten desde siempre un infeliz amor mutuo.

V. Los libros y las prostitutas: cada uno tiene su tipo de hombres, viven de ellos y los martirizan. A los libros, los críticos.

VI. Libros y prostitutas en burdeles: para estudiantes.

VII. Libros y prostitutas: rara vez ve su final aquel que los ha poseído. Suelen desaparecer antes de expirar.

VIII. Los libros y las prostitutas cuentan con mucho gusto y muchas mentiras cómo llegaron a serlo. La verdad es que a menudo ni ellos mismos saben cómo fue. Durante años siguieron a todos «por amor», hasta que un día el voluminoso cuerpo se descubre haciendo la calle donde hasta entonces solo vagaba «por razones de estudio».

IX. Libros y prostitutas aman mostrar el lomo cuando se exhiben.

X. Los libros y las prostitutas tienen mucha progenie.

XI. Los libros y las prostitutas: «Vieja santurrona: joven puta». ¡Cuántos libros que fueron de mala fama hoy sirven para educar a la juventud!

XII. Los libros y las prostitutas se pelean en público.

XIII. Libros y prostitutas: las notas al pie son en los unos lo que en las otras los billetes en las medias.

ARMAS Y MUNICIÓN

Había llegado a Riga para visitar a una amiga. No conocía su casa, ni la ciudad, ni el idioma. Nadie me esperaba, nadie me conocía. Vagué por las calles dos horas en soledad. Nunca volví a verlas de esa manera. De cada puerta salía una llamarada, cada curva de la vereda lanzaba chispas y cada tranvía se me venía encima como un coche de bomberos. Pues ella podía salir de alguna puerta, aparecer al doblar la esquina o estar sentada en un tranvía. Y de ambos debía ser yo, a toda costa, el primero que viera al otro. Pues si ella hubiera posado sobre mí la mecha de su mirada, yo habría explotado como un polvorín.

PRIMEROS AUXILIOS

Un barrio sumamente laberíntico, una red de calles que estuve evitando durante años, de golpe se me clarificó el día en que una persona querida se mudó allí. Fue como si hubieran colocado un reflector en su ventana y este fraccionara la zona con haces de luz.

ARQUITECTURA INTERIOR

El tratado es una forma árabe. Su exterior no presenta diferencias y es poco llamativo, acorde a las fachadas de las construcciones árabes, cuya articulación arranca en el patio. Así también la articulada estructura del tratado no se percibe por fuera, sino que solo se revela desde dentro. Cuando está formado por capítulos, estos no se titulan con palabras, sino que se marcan con números. La superficie de sus deliberaciones no está pintorescamente animada, sino cubierta por los arabescos del ornamento que se van trenzando sin interrupción. La densidad ornamental de esta exposición anula la diferencia entre explicaciones temáticas y digresivas.

ARTÍCULOS DE PAPELERÍA Y DE ESCRITORIO

MAPA MARCA PHARUS. Conozco a una mujer distraída. Ahí donde para mí son habituales los nombres de mis proveedores, el lugar donde están guardados los documentos, las direcciones de mis amigos y conocidos, la hora de una cita, en ella se han fijado conceptos políticos, consignas del partido, fórmulas confesionales y órdenes. Vive en una ciudad de consignas y habita un barrio de vocablos confabulados y hermanados, donde cada callejuela es partidista y cada palabra tiene como eco un grito de batalla.

LISTA DE DESEOS. «Una caña se yergue para endulzar los mundos. / ¡Ojalá de mi cálamo fluya amoroso surco!»; esto se sigue de «Dichosa nostalgia»[2] como una perla que ha salido rodando de una ostra abierta.

AGENDA DE BOLSILLO. Nada caracteriza tanto al hombre nórdico como esto: cuando ama, antes que nada debe estar a solas consigo mismo, al menos una vez y cueste lo que cueste, debe primero

2. Poema de J. W. von Goethe.

contemplar y disfrutar él mismo su sentimiento antes de acercarse a la mujer y declarárselo.

PISAPAPELES. Place de la Concorde: obelisco. Lo que fue grabado allí dentro hace cuatro mil años se halla hoy en el centro de la plaza más grande de todas. Si se lo hubieran profetizado, ¡qué triunfo para el faraón! El primer imperio cultural de Occidente llevará alguna vez en su centro el monumento de su reinado. Pero, ¿cómo se ve en realidad esta gloria? Ni una de las decenas de miles de personas que pasan por aquí se detiene; ni una de las decenas de miles que se detienen puede leer la inscripción. Así, toda gloria cumple con lo prometido, y ningún oráculo la iguala en astucia. Pues el inmortal yace ahí como este obelisco: ordena un tráfico espiritual que ruge a su alrededor y la inscripción grabada allí dentro no le sirve a nadie.

BIJOUTERIE

Incomparable lenguaje de la calavera: la completa inexpresividad (la negrura de la cuenca de sus ojos) unida a la expresión más salvaje (las filas de dientes sonriendo).

Alguien que se cree abandonado está leyendo y le duele que la página que quiere pasar haya sido recortada, que ni ella lo necesite ya.

Los regalos deben afectar tan profundamente a quien los recibe que incluso se asuste.

Un amigo culto y elegante al que le tengo mucho cariño me envió su libro y, cuando estaba a punto de abrirlo, me sorprendí a mí mismo arreglándome la corbata.

Aquel que cuida las formas pero rechaza la mentira se parece a uno que viste a la moda pero no lleva camisa.

Si el humo en la punta del cigarrillo y la tinta de la estilográfica fluyeran con igual ligereza, me hallaría en la Arcadia de mi escritura.

Ser feliz significa poder percibirse a uno mismo sin espanto.

AMPLIACIONES

NIÑO LEYENDO. De la biblioteca de la escuela recibes un libro. En los primeros cursos, los reparten. Solo de vez en cuando te arriesgas a manifestar un deseo. A menudo vemos con envidia que los libros que más anhelamos caen en otras manos. Al fin te llega el tuyo. Por una semana nos entregábamos por completo a la deriva del texto, que nos envolvía suave y acogedor, denso e incesante como copos de nieve. Allí dentro hacías pie con infinita confianza. ¡El silencio del libro, seduciendo más y más! Su contenido no tenía tanta importancia, pues la lectura ocurría en la época en que todavía te inventabas historias en la cama. El niño rastrea los senderos medio ocultos de esas historias. Al leer, se tapa los oídos; su libro yace sobre una mesa demasiado alta y siempre hay una mano sobre la hoja. Las aventuras del héroe aún se pueden leer para él en el remolino de las letras, como la figura y el mensaje en la deriva de los copos. Respira el mismo aire que los sucesos y todos los personajes le echan el aliento. Está mucho más vinculado a los personajes que los adultos. Se halla indeciblemente afectado por lo que ocurre y por las palabras intercambiadas y, al ponerse de pie, está de punta a punta nevado por lo que ha leído.

NIÑO LLEGANDO TARDE. El reloj del patio de la escuela parece roto por su culpa. Se detuvo en «demasiado tarde». Y en el pasillo, desde las puertas de las aulas por las que pasa caminando, emerge el murmullo de consejos secretos. Allá atrás, maestros y alumnos son amigos. O todo está en completo silencio, como si lo esperaran. Inaudiblemente posa la mano sobre el picaporte. El sol inunda el sitio donde se encuentra. Entonces profana el joven día y abre. Escucha la voz del maestro como el traqueteo de la rueda de un molino; queda de pie ante la piedra de moler. La voz traqueteante conserva su ritmo, pero los molineros dejan caer todo sobre el recién llegado; diez, veinte pesados sacos vuelan hacia él, que debe cargarlos hasta su banco. Cada hilo de su abriguito queda espolvoreado de blanco. Como un alma en pena a medianoche, hace ruido con cada paso, pero nadie lo ve. Una vez sentado en su sitio, trabaja silencioso junto al resto hasta que toca la campana. Pero no hay felicidad en ello.

NIÑO GOLOSO. Como un amante en la noche, su mano avanza por la rendija apenas entreabierta de la puerta de la alacena. Una vez que se adapta a la oscuridad, tantea en busca de azúcar o almendras, uvas pasas o confituras. Y como el amante abraza a su chica antes de besarla, así el tacto concierta con ellos una cita, antes de que la boca saboree su dulzor. ¡Con qué lisonja se entregan a sus manos la miel, los manojos de pasas de Corinto y hasta el arroz! ¡Cuán apasionado el encuentro de ambos, al fin liberados de la cuchara! Agradecida y alocada, como robada de la casa paterna, se deja saborear la mermelada de fresa, sin panecito y como quien dice a cielo abierto, y hasta la manteca responde con ternura a la osadía de un pretendiente que irrumpe en su alcoba. Pronto ha penetrado la mano, joven donjuán, en todas las celdas y en todos los aposentos, dejando tras de sí capas chorreantes y fluidas abundancias: virginidad que se renueva sin queja.

NIÑO EN TIOVIVO. La rueda con los animales sumisos gira pegada al suelo. Tiene la altura perfecta para soñar con estar volando. Arranca la música y, de un tirón, el niño se aleja rodando de su madre. Primero teme dejarla. Luego nota cuánto confía en sí mismo. Reina como un soberano confiado sobre un mundo que le pertenece. En la tangente, los árboles y los nativos forman una calle. Entonces vuelve a aparecer la madre en el oriente. Luego emerge de la selva la copa de un árbol, como el que el niño vio hace ya milenios: como precisamente acaba de verlo en el tiovivo. Su animal le tiene cariño: como un mudo Arión viaja sobre su pez mudo, un toro-Zeus de madera lo rapta cual inmaculada Europa. Hace tiempo que el eterno retorno de todas las cosas se ha convertido en sabiduría infantil y la vida en un antiguo éxtasis de dominio, con el retumbante orquestrión en su centro, como tesoro de la corona. Cuando toca más lento, el espacio empieza a tartamudear y los árboles empiezan a serenarse. El tiovivo se vuelve un terreno inseguro. Y aparece la madre, poste reiteradamente abordado, a cuyo alrededor el niño que aterriza enrolla la amarra de su mirada.

NIÑO DESORDENADO. Cada piedra que encuentra, cada flor arrancada y cada mariposa atrapada ya es para él principio de una colección, y todo lo que posee constituye una sola colección. Esta pasión hace exhibir en él su verdadero rostro, la severa mirada india que solo sigue ardiendo en los anticuarios, los investigadores y los bibliófilos, turbada y maníaca. En cuanto entra en la vida, ya es cazador. Caza espíritus, cuya huella presiente en las cosas; entre espíritus y cosas se le pasan los años, en los que su campo visual permanece libre de hombres. Le sucede como en los sueños: no conoce nada permanente; cree que todo le ocurre, tropieza con ello, le sobreviene. Sus años nómadas son horas en el bosque de los sueños. Desde allí arrastra el botín hacia el hogar, con el objeto de limpiarlo, revisarlo y desencantarlo. Sus cajones deben convertirse en arsenal y zoológico, museo del crimen y cripta. Ordenarlos significaría destruir un edificio lleno de castañas espinosas que son manguales, papel de aluminio que es un tesoro de plata, cubos de madera que son féretros, cactus que son árboles totémicos y monedas de cobre que son escudos. Hace tiempo ya que el niño ayuda a ordenar el armario de ropa blanca de su madre y la biblioteca de su padre, aunque en su propio territorio sigue siendo un huésped inconstante y guerrero.

NIÑO ESCONDIDO. Ya conoce todos los escondites de la vivienda y vuelve a ellos como a una casa donde uno está seguro de que encontrará todo como estaba. El corazón le late, contiene la respiración. Aquí se encuentra encerrado en el mundo de la materia. Se le vuelve tremendamente claro, tácitamente cercano. Como solo el ahorcado es consciente de lo que es la soga y la madera. De pie y quieto detrás de la cortina de la puerta, el niño se vuelve algo ondulante y blanco, se vuelve fantasma. Erige la mesa del comedor, debajo de cual se ha agazapado, en ídolo de madera del templo, cuyas patas talladas constituyen las cuatro columnas. Y detrás de una puerta es él mismo puerta, se la coloca como a una pesada máscara y embrujará, como un sacerdote hechicero, a todos quienes entren desprevenidamente. Bajo ningún concepto puede ser hallado. Cuando hace muecas, se le dice que bastaría con que sonara la hora para que él quede así. Lo que hay de cierto en ello es algo que él experimenta en el escondite. Quien lo descubra podría terminar congelado como ídolo debajo de la mesa, entretejido para siempre como fantasma en la cortina, atrapado tras la pesada puerta de por vida. Por eso, cuando el buscador lo atrapa, expulsa con un fuerte grito al demonio que lo había transformado con el fin de que no lo encontraran: más aún, no espera ese momento, sino que se anticipa al mismo con un grito de autoliberación. Por eso no se cansa de luchar con el demonio. En esa lucha, la vivienda es el arsenal de las máscaras. Pero una vez al año se esconden regalos en lugares misteriosos, en sus vacías órbitas oculares, en su boca rígida. La experiencia mágica se transforma en ciencia. El niño deshace, como un ingeniero, el hechizo de la sombría casa paterna y busca huevos de pascua.

ANTIGÜEDADES

MEDALLÓN. Todo lo que con fundamento se denomina hermoso tiene un efecto paradójico cuando aparece.

RUEDA DE PLEGARIAS. Solo la imagen representada alimenta de manera vivaz la voluntad. Con la mera palabra, en cambio, a lo sumo puede encenderse, para luego quedar ardiendo sin llama. No hay voluntad intacta sin una representación gráfica precisa. No hay representación sin inervación. Ahora bien, la respiración es su regulador más refinado. El sonido de las fórmulas es un canon de esta respiración. De ahí la práctica del yogui, que medita respirando sobre las sílabas sagradas. De ahí su omnipotencia.

CUCHARA ANTIGUA. Una cosa les está reservada a los más grandes épicos: poder darles de comer a sus héroes.

MAPA VIEJO. En un amor, la mayoría busca una patria eterna. Otros, muy pocos, el viaje eterno. Estos últimos son melancólicos, deben rehuir el contacto con la madre tierra. Buscan a quien mantenga alejada de ellos la melancolía de la patria. A ese amor le son fieles. Los libros medievales sobre humores conocen el anhelo de este tipo de gente por los viajes largos.

ABANICO. Todos habrán vivido la siguiente experiencia: cuando uno ama a alguien, o se entrega a esa persona de manera intensiva, encuentra su retrato prácticamente en cada libro. En efecto, aparece como protagonista y como antagonista. En los cuentos, las novelas y las *nouvelles* aparece siempre en nuevas transformaciones. Y de esto se deduce lo siguiente: la capacidad de la fantasía es el don de interpolar algo en lo infinitamente pequeño, de inventarle a cada intensidad su nueva y concisa abundancia a modo de extensión; en una palabra, de tomar cada imagen como si fuera la del abanico plegado que, al desplegarse, toma aire y, con la nueva amplitud, representa en su interior los rasgos de la persona amada.

RELIEVE. Uno está junto a la mujer que ama, habla con ella. Luego, semanas o meses más tarde, ya separado de ella, se acuerda de qué trataba aquella conversación. Y ahí está ahora el tema, banal, estridente, poco profundo, y reconoce: solo ella, que por amor se inclinó profundamente sobre el tema, le hizo sombra y lo protegió de nosotros, de modo que el pensamiento pudiera vivir en todos los pliegues y en todos los rincones como un relieve. Cuando estamos solos, como ahora, yace llano, sin consuelo ni sombra, a la luz de nuestro conocimiento.

TORSO. Solo quien supiera observar su propio pasado como un engendro de la obligación y la necesidad estaría capacitado para hacerlo valer al máximo en cada presente, pues lo que cada uno ha vivido es comparable en el mejor de los casos a la bella estatua a la que le quebraron todos los miembros en los transportes y que ahora no ofrece más que el valioso bloque a partir del cual se ha de esculpir la imagen de su futuro.

RELOJES Y JOYERÍA

Quien contempla la salida del sol despierto y vestido, por ejemplo, durante una caminata, conserva durante el día, ante todos los demás, la soberanía de quien lleva una corona invisible, y a quien el amanecer lo pilla trabajando siente, al mediodía, que él mismo se ha puesto la corona.

Como un reloj de la vida, en el que los segundos pasan volando, el número de página pende sobre los personajes de una novela. ¿Qué lector no ha alzado alguna vez una mirada fugaz y asustada hacia ellos?

En sueños me vi a mí —un profesor particular recién incorporado— manteniendo una conversación de colegas con Roethe, mientras caminábamos por las amplias salas de un museo del que él es el director. Mientras él charla en una sala aledaña con un empleado, me detengo ante una vitrina. En ella se encuentra, entre otros objetos desperdigados y ciertamente más pequeños, el busto metálico o esmaltado de una mujer, casi de tamaño natural, no muy distinto al de la denominada *Flora* de Leonardo que se expone en el Museo de Berlín. La boca de esta cabeza dorada está abierta y sobre los dientes de la mandíbula inferior tiene objetos de adorno, que cuelgan en parte hacia afuera a intervalos bien mesurados. No tuve dudas de que se trataba de un reloj. (Motivos del sueño: el *Scham-Roethe*;[3] *Morgenstunde hat Gold im Munde*;[4] «La tête, avec l'amas de sa crinière sombre / et de ses bijoux précieux, / sur la table de nuit, comme une renoncule, / repose», Baudelaire.)[5]

3. Por *Schamröte*, «bochorno».

4. «La hora matutina tiene oro en la boca», refrán más o menos equivalente a «A quien madruga, Dios lo ayuda».

5. La cabeza, amontonada con su melena oscura / y joyas preciosas, / descansa sobre la mesa de noche como un ranúnculo, / descansa.

LÁMPARA DE ARCO

A una persona solo la conoce quien la ama sin esperanza.

сегодня
HEUTE
ICH LIBE KINDER

GALERÍA

GERANIO. Dos personas que se aman sienten apego, por encima de todas las cosas, a sus nombres.

CLAVEL DE LOS CARTUJOS. Al amante, la persona amada siempre se le aparece como solitaria.

ASFÓDELOS. Detrás del que es amado se cierra el abismo del sexo tanto como el de la familia.

FLOR DE CACTUS. El auténtico amante se alegra cuando, al discutir, la persona amada no tiene razón.

NOMEOLVIDES. El recuerdo siempre ve a la persona amada empequeñecida.

PLANTA DE HOJAS. Si aparece un obstáculo ante la unión, enseguida se presenta la fantasía de una convivencia feliz en la vejez.

OFICINA DE OBJETOS PERDIDOS

OBJETOS PERDIDOS. Lo que hace tan incomparable y tan irrecuperable la primera visión de una aldea o de una ciudad en el paisaje es que en ella la lejanía y la cercanía resuenan fuertemente enlazadas. La costumbre no ha hecho aún su trabajo. En cuanto empezamos a orientarnos, el paisaje desaparece de golpe, como lo hace la fachada de una casa al entrar en ella. Aún no lleva la carga de la exploración constante, convertida ya en costumbre. En cuanto hemos empezado a orientarnos, aquella imagen temprana no se puede recuperar jamás.

OBJETOS ENCONTRADOS. La azul lejanía, que no cede ante ninguna cercanía y a la vez no se diluye al acercarnos, que no yace ahí a sus anchas y con todo detalle cuando nos aproximamos, sino que solo se yergue ante nosotros inaccesible y amenazadora, es la lejanía pintada sobre los bastidores. Eso es lo que confiere a los decorados escénicos su carácter inconmensurable.

PARADA PARA NO MÁS DE TRES COCHES DE ALQUILER

Estuve diez minutos en una parada esperando el autobús. «L'Intran... Paris-Soir... La Liberté», gritaba detrás de mí, de manera ininterrumpida y con tonada invariable, una vendedora de diarios. «L'Intran... Paris-Soir... La Liberté»..., una celda triangular en una cárcel. Vi ante mí cuán vacías estaban las esquinas. En sueños vi «una casa de mala fama». «Un hotel en el que se mima a un animal. Casi todos beben únicamente agua para animales mimados.» Soñé con estas palabras y enseguida me levanté sobresaltado. De puro cansancio, me había tirado vestido sobre la cama y con la habitación iluminada, y me quedé dormido en pocos segundos. En las casas de la vecindad suena una música alborozada tan mortalmente triste que uno se resiste a creer que esté hecha para quien la toca: es música para las habitaciones amuebladas, donde los domingos se sienta uno entre pensamientos que pronto se adornan con estas notas como una fuente de frutas pasadas con hojas marchitas.

MONUMENTO A LOS CAÍDOS EN LA GUERRA

KARL KRAUS. Nada más desconsolador que sus adeptos, nada más desgraciado que sus adversarios. No hay nombre más apropiadamente honrado por el silencio. En una armadura antiquísima, sonriendo con encono, ídolo chino que blande en ambas manos las espadas desenvainadas, baila él la danza de la guerra ante la cripta del idioma alemán. Él, «solo uno de los epígonos que viven en la vieja casa de la lengua», se ha convertido en el celador de su mausoleo. Persevera en guardias diurnas y nocturnas. Ningún puesto ha sido ocupado jamás con mayor lealtad, ni hubo ninguno más vano. Aquí está el que bebe del mar de lágrimas de sus contemporáneos como una danaide y al que la roca que debe sepultar a sus enemigos se le escapa de las manos como a Sísifo. ¿Hay algo más indefenso que su conversión? ¿Algo más impotente que su humanismo? ¿Algo más desesperanzado que su lucha con la prensa? ¿Qué sabe él de los poderes que le son verdaderamente aliados? Y, sin embargo, ¿qué dones proféticos de los nuevos magos pueden compararse con escuchar a este sacerdote hechicero, al que incluso una lengua muerta le inspira palabras? ¿Quién ha conjurado jamás a un espíritu como lo hizo Kraus en «Los abandonados», como si

«Dichosa nostalgia» nunca hubiera sido compuesto? Con la misma impotencia con la que solo las voces de los espíritus se hacen oír, así expresa la verdad el murmullo que llega desde la profundidad tectónica del idioma. Cada sonido es inigualablemente auténtico, pero juntos se confunden como conversaciones espectrales. Ciego como los manes, la lengua lo insta a vengarse, obtusa como espíritus que solo conocen la voz de la sangre, a quienes les da igual qué es lo que provocan en el reino de los vivos. Pero no puede equivocarse. Los mandatos del idioma son infalibles. Quien cae en sus manos ya está condenado: en esa boca, su nombre mismo se vuelve una sentencia. Cuando la abre, la llama incolora del ingenio golpetea sobre sus labios. Que nadie que ande por los caminos de la vida se tropiece con él. En un arcaico campo del honor, un inmenso lugar de combate de trabajo sangriento, él anda rabiando frente a un sepulcro abandonado. Los honores a su muerte serán infinitos y los últimos en ser concedidos.

ALARMA DE INCENDIOS

La noción de lucha de clases puede ser engañosa. No se trata de una prueba de fuerza en la que se decide quién gana y quién pierde, un combate tras cuyo desenlace al victorioso le irá bien y al derrotado le irá mal. Pensar así significa encubrir románticamente los hechos. Pues la burguesía puede ganar o perder en la lucha, pero permanece condenada a la extinción por sus contradicciones internas, que resultarán fatales en el transcurso de su desarrollo. La única cuestión es si se derrumbará por sí sola o con ayuda del proletariado. La respuesta decidirá la continuidad o el fin de un desarrollo cultural de tres mil años. Nada sabe la historia de la mala infinitud que contiene la imagen de ambos luchadores en combate eterno. El verdadero político calcula solo por plazos. Y si la abolición de la burguesía no se lleva a cabo hasta dentro de un lapso casi calculable del desarrollo económico y técnico (el que señalan la inflación y la guerra química), todo está perdido. Hay que cortar la mecha encendida antes de que la chispa llegue a la dinamita. La intervención, el peligro y los ritmos del político son cuestiones técnicas, no caballerescas.

SOUVENIR DE VIAJE

ATRANI. La escalera barroca en curva que sube suavemente hacia la iglesia. El enrejado detrás de la iglesia. Las letanías de las ancianas rezando el avemaría: primer curso en la escuela de la muerte. Si uno gira, la iglesia limita, como Dios mismo, con el mar. Cada mañana la era cristiana rompe contra la roca, pero entre los muros de abajo la noche sigue cayendo insistente sobre los cuatro viejos barrios romanos. Callejones como pozos de ventilación. Una fuente en la plaza del mercado. Al atardecer, mujeres a su alrededor. Después, solitaria: arcaico chapoteo.

MARINA. La belleza de los grandes barcos de vela es única en su especie, pues no solo ha permanecido inalterada su silueta a lo largo de siglos, sino que aparecen en el menos cambiante de los paisajes: sobre el mar, recortados contra el horizonte.

FACHADA DE VERSALLES. Es como si se hubieran olvidado de este castillo allí donde se lo erigió hace algunos siglos *Par Ordre Du Roi* solo por dos horas a modo de escenografía móvil para una *féerie*. No se reserva nada de su brillo para sí, sino que lo entrega intacto al majestuoso emplazamiento que concluye con él. Ante este trasfondo, se convierte en el escenario sobre el que la monarquía absoluta fue representada trágicamente como *ballet* alegórico, pero hoy en día es solo una pared, cuya sombra se busca para disfrutar de la vista panorámica hacia lo azul que creó Le Nôtre.

CASTILLO DE HEIDELBERG. Las ruinas, cuyos escombros se yerguen hacia el cielo, parecen a veces doblemente bellas en los días claros, cuando en sus ventanas o sobre su contorno la mirada se encuentra con las nubes que pasan. La destrucción refuerza, por medio del espectáculo efímero que se abre en el cielo, la eternidad de estas ruinas.

ALCÁZAR DE SEVILLA. Una arquitectura que responde al primer impulso de la fantasía. No la interrumpen consideraciones de orden práctico. En los altos aposentos solo se prevé la realización de sueños y de fiestas. En su interior, la danza y el silencio se transforman en *leitmotiv*, pues todo movimiento humano es absorbido por el mudo alboroto del ornamento.

CATEDRAL DE MARSELLA. En la plaza más despoblada y soleada está la catedral. Aquí todo está muerto, a pesar de que colinda estrechamente hacia el sur, a sus pies, con La Joliette, el puerto, y hacia el norte con un barrio obrero. Como lugar de intercambio para mercancías intangibles e impenetrables se yergue allí el edificio desierto, entre muelle y bodega. Se invirtieron cerca de cuarenta años en él. Pero cuando en 1893 todo estaba listo, el lugar y el tiempo se confabularon victoriosos contra el arquitecto y el propietario de la construcción, y de las abundantes arcas del clero surgió una inmensa estación de tren que nunca podría abrirse al tráfico. En la fachada se adivinan las salas de espera del interior, donde los viajantes de la primera a la cuarta clase (aunque ante

Dios sean todos iguales) están encajados entre sus bienes espirituales y entre maletas, leyendo libros de cánticos cuyas concordancias y correspondencias se parecen mucho a las guías internacionales de ferrocarril. En las paredes cuelgan fragmentos del reglamento del tráfico ferroviario a modo de cartas pastorales, se consultan tarifas de indulgencia para los viajes especiales en el tren de lujo de Satanás y se encuentran gabinetes dispuestos a modo de confesionarios, en cuyo interior el viajante de largo recorrido puede purificarse discretamente. Esta es la estación de trenes religiosa de Marsella. Durante las misas se despachan desde aquí trenes con coches-cama hacia la eternidad.

CATEDRAL DE FRIBURGO. El sentimiento más característico de pertenencia a una ciudad se encuentra unido, para sus habitantes, y tal vez también en el recuerdo para el viajero que se detuvo en ella, al tono y al ritmo con que arrancan las campanadas sus relojes de torre.

CATEDRAL DE SAN BASILIO EN MOSCÚ. Lo que tiene en brazos la madona bizantina no es más que una muñeca de madera de tamaño natural. Su expresión de dolor ante un Cristo cuya condición de niño queda solo insinuada, representada, es más intensa que la que jamás podría exhibir la imagen real de un niño.

BOSCOTRECASE. Elegancia de los pinares: su techo está construido sin entrelazamientos.

MUSEO NACIONAL DE NÁPOLES. Con su sonrisa, las estatuas arcaicas ofrecen al observador la conciencia de su cuerpo, como un niño que nos alza las flores recién arrancadas, sin atar ni ordenar, mientras que el arte más tardío enlaza con mayor severidad los gestos, al igual que un adulto trenza un ramo duradero con pastos cortantes.

BAPTISTERIO DE FLORENCIA. Sobre el portal, la *Spes* de Andrea Pisano. Sentada, alza desvalida los brazos hacia un fruto que permanece inalcanzable para ella. Sin embargo, tiene alas. Nada es más verdadero.

CIELO. En sueños salí de una casa y observé el cielo nocturno. De él emanaba un resplandor salvaje. Pues, así de estrellado como estaba, los dibujos con que se agrupa a las estrellas se hallaban presentes para los sentidos. Un león, una virgen, una balanza y muchos otros miraban hacia la tierra como densos cúmulos de estrellas. No se veía la luna.

EL ÓPTICO

En verano llama la atención la gente gorda; en invierno, la delgada.

En primavera, cuando el sol brilla intensamente, se percata uno del follaje joven; con lluvia fría, de las ramas aún sin hojas.

Cómo ha transcurrido una cena con visitas es algo que quien se queda ve de un solo vistazo por la posición de los platos y las tazas, los vasos y los alimentos.

Principio fundamental del cortejo: septuplicarse, rodear siete veces a quien se desea.

La mirada es el poso del hombre.

LENIN
ENTFESSELUNG KÜNSTLER
LETZEN TAGE
NICHTS ZU VERLIEREN AUßER DEN KETTEN
UNSCHULDIG

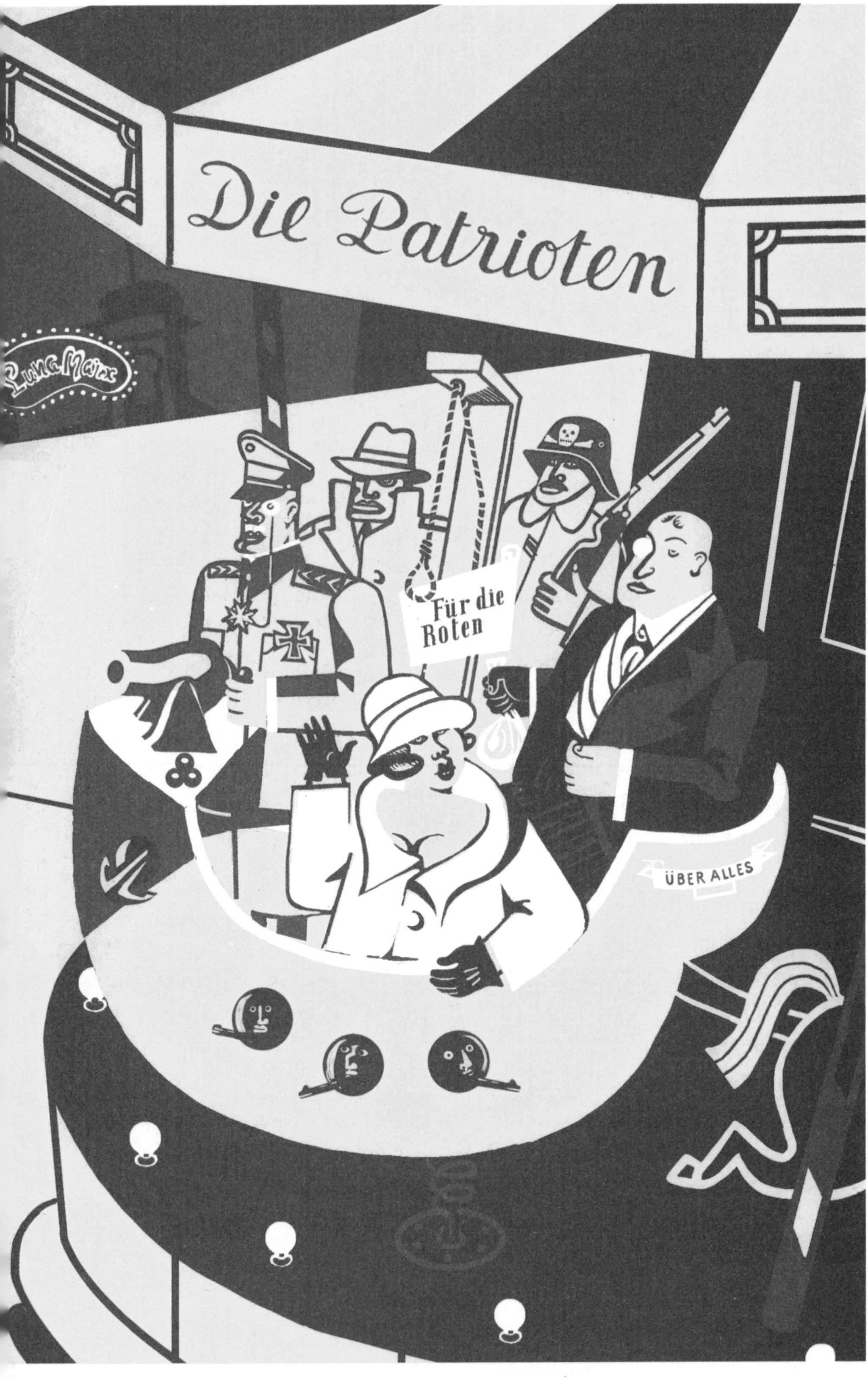

Die Patrioten
Für die Roten
ÜBER ALLES

JUGUETES

RECORTABLES. Los tenderetes se han amarrado, como grandes botes oscilantes, a ambos lados del muelle de piedra sobre el que pasa la gente. Hay veleros con altos mástiles de los que cuelgan banderines, buques de vapor de chimeneas humeantes, barcazas que conservan su carga estibada mucho tiempo. Entre ellos hay barcos en cuyos cascos uno desaparece; solo los hombres tienen permitido descender, pero a través de las escotillas se ven brazos femeninos, velos y plumas de pavo real. En otra parte hay forasteros sobre la cubierta que parecen querer asustar al público con su excéntrica música. ¡Pero con cuánta indiferencia la reciben! Uno sube remiso el paso ancho y oscilante, como si anduviera por la pasarela de un barco, y se queda esperando, durante el tiempo que permanece arriba, a que la totalidad se desprenda de la orilla. Los que luego vuelven a emerger, silenciosos y aturdidos, han visto nacer y morir sus propios matrimonios sobre escalas rojas, por las que suben y bajan las coloridas bebidas espirituosas; el hombre amarillo, que había empezado su cortejo en la parte inferior de esta escala, abandona a la mujer azul en el extremo superior de la misma. Se miraron en el espejo cuyo suelo acuoso se les escurría bajo los pies y salieron tropezando sobre escaleras mecánicas. La flota trae inquietud al barrio: las mujeres y las muchachas se ponen insolentes allí dentro, y todo lo comestible fue embarcado en el país de Jauja. Estamos tan completamente aislados por el océano que todo se encuentra aquí como por primera y última vez. Lobos marinos, enanos y perros se conservan como en un arca. Hasta se ha instalado el ferrocarril aquí para siempre y circula una y otra vez por debajo de un túnel. Por unos días, el barrio se ha convertido en la ciudad portuaria de una isla de los mares del Sur, y sus habitantes en salvajes que se extasían, ávidos y asombrados, ante aquello que Europa arroja a sus pies.

BLANCOS DE TIRO. Habría que describir los paisajes de los puestos de tiro al blanco y reunirlos en un corpus. Allí había, por ejemplo, un desierto de hielo, en varios lugares de cuya superficie asomaban blancas cabezas de pipas de arcilla (los objetivos) unidas de forma radiada. Detrás, ante una franja separada de bosque, estaban pintados en colores al óleo dos guardabosques, y más adelante, como adornos móviles, dos sirenas de bustos provocativos. En otra parte se erizan pipas en los pelos de mujeres que rara vez están pintadas con faldas, sino casi siempre en bragas. O asoman de un abanico que despliegan en sus manos. Pipas móviles giran lentamente en los fondos del «*Tirs aux Pigeons*». Otros puestos presentan teatros en los que el espectador hace de director con la escopeta: si da en el blanco, empieza la función. Una vez había en uno treinta y seis casilleros y sobre el marco escénico figuraba en cada caso lo que se podía esperar detrás: «*Jeanne d'Arc en prison*», «*L'hospitalité*», «*Les rues de Paris*». De otro puesto: «*Exécution capitale*». Ante los portales cerrados, una guillotina, un juez de toga negra y un clérigo sosteniendo un crucifijo. Acierta el tiro, se abre la puerta y sale una tabla de madera sobre la que está el delincuente entre dos verdugos. Se coloca automáticamente bajo la cuchilla que le rebana la cabeza. Lo mismo: «*Les délices du mariage*». Se abre un interior penoso. Se ve al padre en medio de ese habitáculo, sosteniendo a un niño en el regazo y meciendo con la mano libre la cuna en la que yace otro. «*L'enfer*»: cuando se abren sus puertas, se ve un diablo atormentando a una pobre alma. A su lado, otro empuja a un cura dentro de una caldera, donde los condenados han de cocinarse. «*Le bagne*»: una puerta, y delante, un carcelero. Cuando se acierta, tira de una campana. Suena un timbre, la puerta se abre. Se ven dos presidiarios manejando una gran rueda; parecen tener que girarla. Otra constelación más: un violinista con un oso bailarín. Cuando uno dispara y acierta, se acciona el arco del violín. El oso toca con una zarpa el timbal y levanta una pierna. Nos trae a la memoria el cuento del sastrecillo valiente y nos lleva también a imaginar que a la Bella Durmiente podría despertarla un tiro, que Blancanieves podría ser liberada de la manzana por otro y que Caperucita Roja podría ser salvada con un tercero. El disparo estalla en la existencia de los muñecos como en un cuento popular, con aquella violencia sanadora que les rebana la cabeza del tronco a los monstruos y los revela como princesas. Igual que en aquel gran portal sin inscripción: cuando se ha apuntado bien, el portal se abre y ahí está, contra unos cortinajes de terciopelo rojo, un moro que parece inclinarse ligeramente. Sostiene delante de él una fuente dorada. En ella hay tres frutas. Se abre la primera y dentro se inclina una persona diminuta. En la segunda, giran bailando dos muñecos igual de minúsculos. (La tercera no se abrió.) Debajo, ante la mesa sobre la que están los demás escenarios, un pequeño jinete de madera con el rótulo: «*Route minée*». Si se da en el blanco, se oye un estallido y el jinete cae dando una voltereta junto con su caballo, aunque por supuesto permanece montado en él.

ESTEREOSCOPIO. Riga. El mercado diario, la ciudad abarrotada de puestos de madera bajos se extiende sobre el muelle, un amplio y sucio terraplén de piedra sin almacenes, a lo largo de las aguas del río Daugava. Pequeños barcos de vapor, que normalmente apenas sobrepasan el muro del muelle con la chimenea, atracan en la negruzca ciudad de enanos. (Los barcos más grandes están anclados Daugava abajo.) Las tablas sucias conforman el suelo arcilloso, sobre el que se diluyen unos pocos colores que brillan en el aire frío. En algunas esquinas están paradas el año entero, junto a puestos de pescado, carne, botas y ropa, mujeres pequeñoburguesas con esas coloridas varitas de papel que solo llegan a Occidente para las Navidades. Ser reprendido por la voz más querida: así son estas varitas. Por unos pocos céntimos, unos flecos de reflejo multicolor. Al final del muelle, a solo treinta pasos del agua y entre vallas de madera, se encuentra el mercado de manzanas con sus montañas rojiblancas. Las manzanas a la venta están hundidas en la paja y las vendidas, sin paja, en los cestos de las amas de casa. Detrás se alza una iglesia de color rojo oscuro, que en el fresco aire de noviembre no puede competir con las mejillas de las manzanas. Varias tiendas de artículos náuticos en pequeñas casitas bastante cerca del muelle. Las amarras están pintadas. En todas partes se ven mercancías dibujadas en letreros o en las fachadas de las casas. Sobre una pared de ladrillo visto de un negocio en la ciudad, hay maletas y correas de tamaño mayor que el natural. Una tienda de corsetería y sombreros de dama, en una casa bajita sobre una esquina, tiene pintados, sobre fondo ocre, impolutos rostros femeninos y rígidos corpiños. En la esquina de enfrente hay un farol cuyos cristales presentan algo parecido. Todo es como la fachada de un burdel de fantasía. Otra casa, también bastante cercana del muelle, muestra sacos de azúcar y de carbón, grises y negros, sobre una pared gris. En algún otro lugar llueven zapatos de las comucopias. En un cartel, que parece un modelo sacado de anticuados libros de dibujo para niños, hay pintados con mucho detalle artículos de ferretería, martillos, ruedas dentadas, pinzas y tornillos minúsculos. La ciudad está impregnada de estos dibujos: hechos como en serie. Entremedio se yerguen tristísimos edificios mucho más altos, semejantes a fortalezas, que evocan todos los horrores del zarismo.

NO A LA VENTA. Gabinete mecánico en la feria anual de Lucca. La exposición está alojada en una extensa carpa dividida de manera simétrica. Varios peldaños ascienden hasta ella. El cartel exterior muestra una mesa con algunos títeres inmóviles. Por la apertura derecha se entra a la carpa, por la izquierda se sale de la misma. En el luminoso espacio interior, dos mesas se extienden hasta el fondo. Se juntan entre sí por el borde longitudinal, de modo que para circular solo queda un espacio angosto. Ambas mesas son bajas y con tablero de cristal. Encima se ven muñecos de una altura media de veinte a veinticinco centímetros y, debajo, a cubierto, se oye el tictac del mecanismo de relojería que los mueve. Una pequeña tarima para niños bordea las mesas en toda su extensión. Contra las paredes están colgados espejos deformantes. Junto a la entrada se ven personajes principescos. Cada uno ejecuta algún movimiento: unos hacen un amplio gesto de bienvenida con el brazo derecho o izquierdo, otros desvían su mirada vidriosa; algunos rotan los ojos al tiempo que agitan los brazos. Ahí están Francisco José, Pío IX en el trono flanqueado por dos cardenales, la reina Elena de Italia, la sultana, Guillermo I a caballo, Napoleón III en miniatura y, más diminuto aún, Vittorio Emanuele como príncipe heredero. Los siguen figuras bíblicas, luego la Pasión. Herodes ordena la matanza de los niños con muy variados movimientos de cabeza. Abre mucho la boca, asintiendo, estira el brazo y vuelve a dejarlo caer. Delante de él hay dos verdugos: uno que blande en el vacío su espada cortante, mientras sostiene un niño decapitado bajo el brazo, y el otro, a punto de atacar, inmóvil salvo por los ojos que giran. Y dos madres junto a ellos: desconsolada, una sacude suave pero ininterrumpidamente su cabeza, la otra alza lentamente los brazos suplicantes. La crucifixión. La cruz está sobre el suelo. Los esbirros martillan los clavos. Cristo asiente. Cristo crucificado, bebiendo de la esponja con vinagre que un soldado le acerca lentamente y a intervalos, para enseguida volver a quitársela. El Redentor levanta apenas la barbilla. Desde atrás, un ángel se inclina sobre la cruz con el cáliz para recoger la sangre, lo acerca y luego vuelve a retirarlo, como si ya estuviera lleno. La otra mesa muestra cuadros de costumbres. Gargantúa con albóndigas. Frente al plato, se las zampa con las dos manos, alzando alternativamente el brazo derecho y el izquierdo. Ambas manos sostienen un tenedor con una albóndiga clavada en él. Una señorita alpina hilando. Dos monos tocando el violín. Un mago tiene ante sí dos recipientes con forma de toneles. El de la derecha se abre y de su interior emerge el busto de una dama. Enseguida vuelve a hundirse. Se abre el de la izquierda: de allí se alza el cuerpo de un hombre hasta la mitad. El recipiente de la derecha vuelve a abrirse y ahora asoma el cráneo de un macho cabrío con el rostro de la dama entre los cuernos. Y entonces, se alza el de la izquierda: en lugar de un hombre aparece un mono. Luego todo vuelve a empezar desde el principio. Otro mago: tiene ante sí una mesa y en cada una de sus manos sostiene un vaso boca abajo. Debajo de estos aparecen de pronto, al levantar alternativamente uno y otro, un pan o una manzana, una flor o un dado. La fuente mágica: un niño campesino está parado ante una fuente, sacudiendo la cabeza. Una muchacha tira de la palanca y de la boca de la fuente mana un grueso chorro de cristal. Los amantes hechizados: un arbusto dorado o una llama dorada se abre en dos alas. Dentro se ven dos muñecos. Giran las cabezas el uno hacia el otro y luego en la dirección contraria, como si se miraran con perplejidad. Debajo de todas las figuras, un pequeño papel con el título. Todo del año 1862.

helin
JEDERMANN
OBEN
JEDERMANN
OBEN
DEUTSCHES
ALPHABET
A a [aː]
B b [beː]
C c [tseː]
FELIX
DIE KATZE
DER FILM

POLICLÍNICA

El autor deposita la idea sobre la mesa de mármol del café. Larga contemplación, pues aprovecha el tiempo en el que aún no tiene el vaso delante, esa lente bajo la que examina al paciente. Luego va sacando poco a poco su instrumental: estilográfica, lápiz y pipa. La masa de los clientes, ordenada como en un anfiteatro, conforma su público clínico. El café, servido con precaución y de igual forma saboreado, pone el pensamiento bajo cloroformo. Lo que piense ya no tiene que ver con la cosa misma más que el sueño del anestesiado para la intervención quirúrgica. Se practican los cortes en las cuidadas líneas de la letra manuscrita, en el interior, el cirujano desplaza acentos, cauteriza las excrecencias de las palabras e inserta alguna palabra foránea como una costilla de plata. Finalmente, la puntuación cose todo con fina sutura y él recompensa al camarero, su asistente, en efectivo.

ESPACIOS EN ALQUILER

Locos quienes lamentan la decadencia de la crítica. Pues hace tiempo que ha pasado su hora. La crítica es una cuestión de adecuada distancia. Está en casa en un mundo donde lo que importa son las perspectivas y las proyecciones, y donde antes aún era posible asumir un punto de vista. Entretanto, las cosas han arremetido con demasiada fuerza contra la sociedad humana. La «imparcialidad», la «mirada independiente» se han vuelto mentira, cuando no en expresión completamente ingenua de la pura incompetencia. La mirada que hoy es la más sustancial, la mirada mercantil que llega al corazón de las cosas, se llama publicidad. Echa por tierra la libertad de movimiento de la contemplación y nos pone las cosas tan peligrosamente cerca de la cara como un coche que, creciendo gigantescamente, vibra hacia nosotros desde el marco de una pantalla de cine. Y así como el cine no proyecta las figuras completas de muebles y fachadas para una contemplación crítica, sino su tozuda y brusca cercanía es dramática, también la verdadera publicidad se acerca así a las cosas y tiene el ritmo que corresponde al de las buenas películas. Con esto se dice adiós finalmente a la «objetividad» y, ante los inmensos dibujos en las paredes de las casas, donde el

«Chorodont» y el «Sleipnir» están al alcance de los gigantes, se libera a la americana el sano sentimentalismo, como las personas a las que ya nada conmueve o afecta y que en el cine aprenden otra vez a llorar. Pero para el hombre de la calle es el dinero lo que le acerca de tal forma las cosas, estableciendo así el contacto decisivo con ellas. Y el crítico remunerado, que manipula las obras de arte en la galería del marchante, sabe de ellas, si no datos mejores, sí más importantes que el aficionado al arte que las ve en el escaparate. La calidez del tema se abre ante él y lo vuelve sentimental. ¿Qué es lo que en última instancia hace que la publicidad sea tan superior a la crítica? No lo que dice la letra roja eléctrica al moverse, sino el charco de fuego que la refleja sobre el asfalto.

ARTÍCULOS DE OFICINA

La oficina del jefe está repleta de armas. El confort que impresiona a quien entra en ella es en realidad un arsenal encubierto. Un teléfono sobre el escritorio suena a cada momento. Lo interrumpe a uno en un momento fundamental y le concede, a quien tiene delante, tiempo para preparar su respuesta. Mientras tanto, los fragmentos de conversación muestran cuantas cuestiones se tratan allí, todas más importantes que la que quedó pendiente. Uno se dice esto y poco a poco comienza a avergonzarse de su propio punto de vista. Se empieza a preguntar de quién se está hablando, escucha asustado que el interlocutor viaja al día siguiente a Brasil y enseguida se solidariza tanto con la empresa que la migraña de la que el otro se queja por teléfono es asumida como un lamentable contratiempo para los negocios (en vez de como una oportunidad). Entra la secretaria, la hayan llamado o no. Es muy atractiva. Y mientras su empleador hace tiempo que tiene resuelto el tema de su encanto, sea porque pase del mismo, sea porque sigue siendo su admirador, el novato la mirará varias veces, y ella sabrá cómo ganarse con esto el agradecimiento del jefe. El personal se moviliza para poner sobre la mesa ficheros en los que el huésped se sabe clasificado en los contextos más disímiles. Empieza a cansarse. El otro, que tiene la luz a sus espaldas, lo nota satisfecho en los rasgos del rostro cegado por la iluminación. También el sillón surte su efecto; uno se sienta allí tan profundamente reclinado como en el dentista y al final termina aceptando el penoso procedimiento como si fuera el desarrollo natural de las cosas. También a este tratamiento le sigue tarde o temprano una liquidación.

PAQUETES: TRANSPORTE Y EMBALAJE

Temprano por la mañana atravesé Marsella con el coche rumbo a la estación de tren y, como en el camino me topé con lugares conocidos, luego con nuevos, desconocidos, y otros de los que solo me acordaba vagamente, la ciudad se volvió un libro en mis manos, al que echaba un par de miradas rápidas, antes de perderlo de vista, quién sabía por cuánto tiempo, dentro del baúl en el depósito.

CERRADO POR REFORMAS

Soñé que me quitaba la vida con un rifle. Cuando disparé, no me desperté, sino que por un tiempo me vi tirado como cadáver. Justo después me desperté.

DER
KRITIKER
WEIß ALLES

RESTAURANTE AUTOMÁTICO «AUGÍAS»

Esta es la objeción más fuerte contra el estilo de vida del solterón: come en soledad. Comer a solas hace que uno fácilmente se vuelva duro y tosco. Quien está acostumbrado a ello debe llevar una vida espartana para no echarse a perder. Los eremitas, tal vez solo por eso, se alimentaban de manera frugal. Pues únicamente en comunidad se le hace justicia a la comida, que quiere ser partida y repartida, si ha de sentar bien. No importa con quién: antaño, un mendigo sentado a la mesa enriquecía cada comida. Lo que importa es repartir y dar, y no la sociable tertulia de los comensales. Lo asombroso es a su vez que la sociabilidad se vuelve crítica sin alimentos. Agasajar nivela y une. El conde de Saint Germain se mantenía sobrio ante mesas repletas y por eso dominaba la conversación. Pero allí donde cada cual se va en ayunas, aparecen las rivalidades con sus peleas.

TIENDA DE ESTAMPILLAS

Quien revisa pilas de cartas viejas, un sello pegado en un sobre deteriorado, fuera de circulación hace ya tiempo, suele decirle más que docenas de páginas leídas. A veces los encuentra uno en postales y no sabe entonces si hay que despegarlos o conservar la postal tal como está, como la hoja de un pintor antiguo que tiene dos valiosos dibujos distintos, tanto en el frente como en el dorso. En los escaparates de los cafés hay también cartas que no tienen la conciencia limpia y están expuestas en la picota a la vista de todos. ¿O es que las han deportado y deben languidecer para siempre en este aparador, sobre un Salas y Gómez de cristal? Las cartas que han quedado mucho tiempo sin abrir adquieren tintes de brutalidad: son desheredadas que maliciosamente urden en silencio la venganza por los largos días de sufrimiento. Muchas de ellas se muestran más tarde en los escaparates de las filatelias como sobres con sellos ya impresos totalmente estigmatizadas por su valor.

Como se sabe, hay coleccionistas que solo se ocupan de sellos estampados y no hace falta mucho para creer que son los únicos que han penetrado en el misterio. Se abocan a la parte oculta del sello:

la estampa. Pues la estampa es su lado oscuro. Las hay ceremoniosas, en las que se ha colocado una aureola sobre la cabeza de la reina Victoria, y proféticas, con corona de mártir sobre Humberto. Pero no hay fantasía sádica que iguale al negro procedimiento que cubre los rostros de estrías y abre grietas en la tierra de continentes enteros como un terremoto. Y la alegría perversa al contrastar estos ultrajados cuerpos filatélicos con sus blancos vestidos de tul con encajes: los dientes. Quien busca sellos debe poseer, como detective, las señas particulares de los establecimientos de correo de peor fama; como arqueólogo, el arte de determinar el torso de los toponímicos más lejanos, y como cabalista, el inventario de las fechas para todo un siglo.

Los sellos están repletos de pequeñas cifras, letras diminutas, hojitas y ojitos. Son tejidos celulares gráficos. Todo esto pulula revuelto y sigue viviendo incluso despedazado, como los organismos inferiores. Por eso es que pegando pedacitos de sellos se logran imágenes tan efectivas, pero en ellas la vida siempre tiene una parte de putrefacción, como signo de que está compuesta de cosas muertas. Sus retratos y sus grupos obscenos están llenos de esqueletos y montones de gusanos.

¿Refracta tal vez en la secuencia cromática de las series largas la luz de un sol extraño? ¿Recogieron en los servicios postales de los Estados Pontificios o de Ecuador rayos que desconocemos? ¿Y por qué no nos muestran los sellos de los planetas superiores, las mil gradaciones de rojo fuego que circulan en Venus, los cuatro grandes valores grises de Marte y los sellos sin cifras de Saturno? En los sellos, los países y los océanos son solo provincias, y los reyes solo mercenarios de las cifras, que derraman su color sobre ellos a discreción. Los álbumes de sellos son obras de consulta mágicas, en las que están registrados los números de los monarcas y de los palacios, de los animales, las alegorías y los Estados. El tráfico postal se basa en su armonía, tal como el tráfico de los planetas se basa en las armonías de los números celestiales. Viejos sellos de diez centavos, que muestran en su óvalo solo una o dos cifras grandes. Recuerdan a aquellas primeras fotos, en sus marcos barnizados de negro, desde las que nos miran parientes que nunca hemos conocido: tías abuelas o bisabuelos enigmáticos. También Thurn und Taxis tiene grandes cifras en sus sellos; allí son como números de taxímetros embrujados. No sorprendería ver una noche la luz de una vela brillar detrás de ellos.

Luego hay también pequeños sellos sin dentado, sin mención de moneda ni de país. En la densa telaraña solo portan un número. Quizás esos sean los auténticos billetes de lotería del destino. Los trazos de escritura sobre las piastras turcas son como el alfiler demasiado elegante y reluciente, puesto de manera oblicua sobre la corbata de un astuto comerciante de Constantinopla, solo a medias europeizado. Son de la raza de los advenedizos postales, de los formatos grandes, mal dentados y gritones de Nicaragua o de Colombia, que se engalanan como billetes.

Los de sobretasa son los espíritus en el mundo de los sellos postales. No cambian. La alternancia de monarcas y formas de gobierno pasa por ellos sin dejar rastro, como a través de espectros.

El niño mira hacia la lejana Liberia a través de unos anteojos de ópera sostenidos al revés: allí está, tras su tirita de mar con sus palmeras, como la muestran los sellos. Junto a Vasco da Gama navega alrededor de un triángulo isósceles como la esperanza cuyos colores cambian con el clima. Folleto de viaje del cabo de Buena Esperanza. El cisne que se ve en los sellos australianos, incluso en los valores azules, verdes y marrones, siempre es el cisne negro, que solo existe en Australia y que aquí se desliza sobre las aguas de un estanque como sobre el más calmo de los océanos.

Los sellos son las tarjetas de presentación que los grandes Estados dejan en el cuarto de los niños. Como Gulliver, el niño viaja por los países y los pueblos de sus sellos. En sueños se le inculca la geografía y la historia de los liliputienses, la ciencia entera del pueblo diminuto, con todos sus números y sus nombres. Toma parte de sus negocios, asiste a sus púrpuras asambleas populares, observa el bautismo de sus barquitos y celebra aniversarios con sus líderes coronados, que reinan detrás de setos.

Existe, como se sabe, un lenguaje filatélico, que se comporta respecto del lenguaje de las flores como el alfabeto Morse respecto del escrito. ¿Cuánto tiempo vivirá aún la flora entre los postes del telégrafo? ¿No son los grandes sellos artísticos de la posguerra, con sus colores plenos, los ásteres y las dalias otoñales de esta vegetación? Stephan, un alemán, y no por casualidad contemporáneo de Jean Paul,[6] sembró esta semilla en la estival mitad del siglo XIX. No sobrevivirá al siglo XX.

6. Heinrich von Stephan (1831-1897), director general de correos del Imperio alemán y organizador del sistema postal germánico.

SI PARLA ITALIANO

Una noche estaba sentado en un banco, con fuertes dolores. En el banco de enfrente se sentaron dos muchachas. Parecían querer hablar de sus cosas y empezaron a susurrar. Cerca no había nadie más que yo, que no habría entendido su italiano por muy alto que lo hablaran. Ante ese susurrar injustificado en un idioma para mí incomprensible, no pude reprimir la sensación de que se posaba sobre el sitio dolorido un refrescante vendaje.

PRIMEROS AUXILIOS TÉCNICOS

No hay nada más pobre que una verdad expresada tal como fue concebida. En esos casos, ponerla por escrito no llega a ser siquiera una mala fotografía. Además, la verdad se niega (como un niño o una mujer que no nos quieren) a mirar quieta, recta y cordial hacia la lente de la escritura, una vez que nos hemos colocado bajo el manto negro. Lo que quiere es que la saquen de su ensimismamiento de manera súbita, como con un golpe, ya sea asustada por un tumulto, música o gritos pidiendo ayuda. ¿Quién quisiera contar las señales de alarma de las que está equipado el interior del escritor verdadero? Y «escribir» no significa otra cosa que ponerlas en funcionamiento. La dulce odalisca se levanta entonces sobresaltada, agarra lo primero que le cae en las manos en el caos de su camerino, nuestra cavidad craneal, se lo pone encima y huye de nosotros, casi irreconocible, hacia la gente. Qué buena constitución debe de tener y cuán saludable debe de ser para aparecer así entre ellos, disfrazada y atosigada, pero victoriosa y adorable.

Las citas en mis obras son como bandidos que aparecen armados y le quitan al paseante distraído la convicción.

El asesinato de un delincuente puede ser moral: nunca su legitimación.

Dios es el que alimenta a todos los hombres y el Estado el que los subalimenta.

La expresión de la gente que se mueve por las galerías de arte muestra la mal disimulada decepción de que allí solo haya colgados cuadros.

ASESORAMIENTO FISCAL

No hay duda: existe una relación secreta entre la medida de los bienes y la medida de la vida, es decir, entre el dinero y el tiempo. Cuanto más lleno de trivialidades esté el tiempo de una vida, tanto más frágiles, multiformes y dispares son sus instantes, mientras que el gran período caracteriza la existencia del hombre superior. Muy acertadamente Lichtenberg propone hablar de empequeñecimiento del tiempo en vez de acortamiento, y también señala: «Un par de docenas de millones de minutos conforman una vida de cuarenta y cinco años y algo más». Allí donde circula un dinero para el que no significa nada una docena de millones de unidades, la vida tendrá que ser contada por segundos, en vez de por años, a fin de parecer respetable como suma y, por consiguiente, se la malgasta como a un fajo de billetes: Austria no puede quitarse la costumbre de calcular en coronas.

El dinero y la lluvia van juntos. El clima mismo es un índice del estado de este mundo. La dicha no tiene nubes, nada sabe de climas. Llegará también un reino despejado con bienes perfectos, sobre los que no caerá ningún dinero.

Habría que suministrar un análisis descriptivo de los billetes.

Un libro cuya ilimitada fuerza satírica solo estuviera igualada por la fuerza de su objetividad, pues en estos documentos, más que en ninguna parte, el capitalismo se comporta ingenuamente, dentro de su sagrada seriedad. Los pequeños inocentes que aquí juegan en torno a las cifras, las diosas sosteniendo las tablas de la ley y los maduros héroes que envainan sus espadas ante las unidades monetarias, todo eso conforma un mundo en sí: arquitectura de fachada del infierno. Si Lichtenberg hubiera vivido la difusión del billete de papel, el plan de esta obra no se le habría escapado.

PROTECCIÓN LEGAL PARA INDIGENTES

EDITOR: Mis expectativas se han visto severamente frustadas. Sus cosas no tienen ninguna influencia sobre el público; no atraen en lo más mínimo. Y no he ahorrado en su presentación. He agotado recursos en publicidad. Usted sabe que lo sigo estimando igual que siempre, pero no me podrá tomar a mal si ahora también se inquieta mi conciencia comercial. Si hay alguien que hace lo que puede por los autores, ese soy yo, pero a fin de cuentas también tengo que ocuparme de mi esposa y de mis hijos. Naturalmente que no quiero decir que le endilgue las pérdidas de los últimos diez años, pero sí que quedará el sabor amargo de una decepción. Lamentablemente, de momento, no puedo seguir apoyándolo.

AUTOR: Estimado señor, ¿por qué se hizo editor? Enseguida lo averiguaremos. Antes permítame usted decirle una cosa: figuro en su archivo como el número 27. Usted ha editado cinco de mis libros; eso significa que apostó cinco veces por el 27. Lamento que no haya salido el 27. A propósito, usted solo me ha apostado a *cheval*. Solo porque estoy al lado de su número de la suerte, el 28. Ahora sabe por qué se ha hecho editor. Bien podría haber asumido un oficio honesto, como su señor padre. Pero vivir siempre al día: así es la juventud. Siga entregándose a sus costumbres, pero evite hacerse pasar por un comerciante honrado. No ponga cara de inocente si perdió todo en el juego; no hable de su jornada laboral de ocho horas, ni de las noches en que tampoco consigue estar tranquilo. «Ante todo, hijo mío, sé fiel y veraz.» ¡Y no haga escenas con sus números! De lo contrario, lo van a echar.

TIMBRE NOCTURNO PARA EL MÉDICO

La satisfacción sexual desliga al hombre de su secreto, que no consiste en la sexualidad, pero cuya satisfacción, y tal vez solo en ella, lo corta, no lo resuelve. Es comparable al lazo que lo une a la vida. La mujer lo corta, el hombre queda liberado para la muerte, porque su vida ha perdido su secreto. Con ello consigue un renacer y, así como la amada lo libera del hechizo de la madre, la mujer lo suelta literalmente de la madre tierra: partera que corta el cordón umbilical, tejido con el secreto de la naturaleza.

MADAME ARIANE, SEGUNDO PATIO A LA IZQUIERDA

Quien pregunta por el futuro a las adivinas revela, sin saberlo, un conocimiento íntimo de lo venidero mil veces más preciso que todo lo que oirá de ellas. Lo guía la inercia, más que la curiosidad, y nada se parece menos a la resignada apatía con que asiste a la revelación de su destino que la peligrosa y rápida maniobra con que el valiente hace frente al porvenir, pues la esencia del futuro es la presencia de ánimo; percibir con exactitud lo que ocurre en ese momento es más decisivo que prever lo más lejano. Los presagios, las corazonadas y las señales atraviesan día y noche nuestro organismo como golpes de ondas. Interpretarlos o servirse de ellos, esa es la cuestión.

Ambos son incompatibles. La cobardía y la pereza sugieren lo uno; la sobriedad y la libertad, lo otro. Pues antes de que una profecía o una advertencia semejantes se vuelvan algo mediado, palabra o imagen, su mejor fuerza se ha extinguido ya, la fuerza con la que nos pega de lleno y nos obliga, sin saber cómo, a actuar de acuerdo con ella. Si dejamos de hacerlo, entonces y solo entonces, se descifra. La leemos. Pero ahora es demasiado tarde. De ahí que cuando algo de pronto se incendia, o llega de la nada la noticia de un fallecimiento, en el primer susto mudo hay un sentimiento de culpa, el reproche amorfo: «¿No lo sabías, en el fondo?». Cuando hablaste por última vez del muerto, ¿no sonaba ya distinto su nombre en tus labios? ¿No te hace señas desde las llamas la víspera, en un lenguaje que ahora ya comprendes? Y cuando se pierde un objeto que querías, ¿no había entonces a su alrededor, horas o días antes, un halo de burla o de luto que lo delataba? Como rayos ultravioletas, la memoria le muestra a cada quien una letra en el libro de la vida, que ya glosa el texto de manera invisible, como una profecía, pero estas intenciones no se intercambian sin castigo, como no se entrega la vida no vivida a las cartas, los espíritus y las estrellas, que la agotan y la inutilizan en un santiamén, para devolvérnosla profanada; no se le birla impunemente al cuerpo su poder de medirse con la fortuna en su propio terreno y ganar. El instante es el yugo bajo el cual el destino se somete al cuerpo. Transformar la amenaza futura en un ahora cumplido, este único milagro telepático deseable es obra de una presencia de ánimo corpórea. Los tiempos primitivos, en los que un comportamiento tal era parte de la economía cotidiana del hombre, conferían al cuerpo desnudo el instrumento más fiable para la adivinación. La antigüedad conocía la verdadera praxis, y Escipión, que tropieza al poner pie en suelo cartaginense, exclama, abriendo ampliamente los brazos en plena caída, el lema de la victoria: *Teneo te, terra africana!*[7] Lo que había querido ser una señal disuasoria o una imagen de infortunio, él lo vincula corporalmente al instante, convirtiéndose a sí mismo en factótum de su cuerpo. Precisamente en ello han celebrado desde siempre sus mayores triunfos las antiguas prácticas ascéticas del ayuno, la castidad y la vigilia. El día yace cada mañana como una camisa limpia sobre nuestra cama; este tejido inconmensurable-

7. «Ya eres mía, tierra africana»: Suetonio atribuye esta cita a Julio César y la sitúa en el momento en que arribó a la costa de África.

mente delicado y denso de pulcra predicción nos sienta como una prenda hecha a medida. La fortuna de las próximas veinticuatro horas depende de que sepamos recogerla al despertar.

¡Ya hemos pasado!
EN el HOGAR
SEPTIEMBRE
26
JUEVES
1940

GUARDARROPAS DE MÁSCARAS

Quien transmite la noticia de un fallecimiento se cree muy importante. Su sensación lo convierte (aun contra toda racionalidad) en mensajero del reino de los muertos, pues la comunidad de todos los muertos es tan grande que la percibe hasta quien solo informa de una muerte. «*Ad plures ire*» llamaban los antiguos romanos al morir.

En Bellinzona me fijé en tres clérigos en el vestíbulo de la estación de tren. Estaban sentados sobre un banco en diagonal a mi sitio. Me consagré con devoción a observar los gestos del que estaba sentado en el medio, que se distinguía de sus cofrades por un gorrito rojo. Les hablaba manteniendo las manos unidas en el regazo y solo de vez en cuando elevaba y movía apenas la una o la otra. Pensé: la mano derecha siempre debe saber lo que hace la izquierda. ¿Quién no ha salido alguna vez del metro y se ha sorprendido al encontrarse arriba con la luz del sol? Y sin embargo el sol brillaba con la misma claridad hacía un par de minutos, cuando bajó. Así de rápido olvidó el clima del mundo superior. Y así de rápido este lo olvidará a él. Pues, ¿quién puede decir de su existencia más que eso, que ha pasado por la vida de otras dos o tres existencias de manera tan delicada y próxima como el tiempo? Una y otra vez, en Shakespeare, en Calderón, el último acto está lleno de batallas, y reyes, príncipes, donceles y séquitos que «entran huyendo». El instante en que se vuelven visibles para los espectadores los hace detenerse. El escenario le da la voz de alto a la huida de los personajes del drama. Su entrada en el espacio visible de quienes no participan y son auténticamente superiores permite que los desamparados recuperen el aliento y les da un respiro. Por eso es que la aparición en escena de los que «entran huyendo» tiene su significado oculto. En la lectura de esta fórmula se juega la expectativa de un lugar, una luz o unos focos escénicos en los que también nuestra huida por la vida esté protegida ante espectadores extraños.

CASA DE APUESTAS

La existencia burguesa es el régimen de los asuntos privados. Cuanto más importante y de consecuencias más graves es un tipo de comportamiento, tanto más se ve liberado del control.

Postura política, situación económica, religión: todo busca esconderse, y la familia constituye la pútrida y sombría madriguera en cuyos rincones y apartados diversos han arraigado los instintos más mezquinos. El filisteo proclama la privatización absoluta de la vida amorosa. Por eso, cortejar se ha vuelto para él un acontecimiento mudo y encarnizado entre dos personas solas, y ese galanteo absolutamente privado, libre de toda responsabilidad, es lo verdaderamente nuevo en el flirteo. En cambio, el tipo proletario y el feudal se asemejan en que el triunfo durante el cortejo es menos sobre la mujer que sobre sus competidores. En eso, respetan de forma mucho más profunda a la mujer que en su «libertad», al acatar su voluntad sin interrogarla. Feudal y proletario es el desplazamiento de los acentos eróticos hacia la esfera de lo público. Mostrarse con una mujer en tal o cual ocasión puede ser más significativo que acostarse con ella.

De la misma forma, el valor del matrimonio no radica en la

«armonía» estéril de los cónyuges: como consecuencia excéntrica de sus luchas y rivalidades sale a la luz, como el hijo, también el poder espiritual del matrimonio.

CERVEZA AL PASO

Los marineros raramente bajan a tierra; el trabajo en alta mar es un día de domingo comparado con el trabajo en los puertos, donde a menudo hay que cargar y descargar día y noche. Cuando a un grupo le llega el permiso para desembarcar por unas horas, ya ha oscurecido. En el mejor de los casos, encuentran la catedral, como un lóbrego macizo de camino a la taberna. La cervecería es la llave de cada ciudad; saber dónde se puede tomar cerveza alemana basta como conocimiento geográfico y etnológico. El bar de marineros alemán despliega el plano nocturno de la ciudad: no es difícil llegar de allí hasta el burdel o a los otros bares. Hace días que su nombre circula en las sobremesas, pues cuando se ha abandonado un puerto, uno tras otro, los marineros van izando, como pequeños banderines, los apodos de tabernas y de locales para bailar, de bellas mujeres y de platos nacionales del próximo puerto. Pero quién sabe si esta vez bajarán a tierra. Por eso, en cuanto anuncian la arribada del barco y atraca, suben a bordo comerciantes con *souvenirs*: collares y postales, pinturas al óleo, cuchillos y figuritas de mármol. No se visita la ciudad, se la compra. En la maleta del marinero, el cinturón de cuero de Hong Kong se junta con la vista panorámica de Palermo y con la foto de una muchacha de Szczecin. Así es su hogar verdadero. Nada saben de la nebulosa distancia en la que se ubican, para los burgueses, los mundos foráneos. En cada ciudad, lo primero que se impone es el servicio a bordo; luego se pasa a la cerveza alemana, el jabón de afeitar inglés y el tabaco de Holanda. Imbuidos hasta la médula de la norma internacional de la industria, no se dejan embaucar por palmeras ni icebergs. El marinero se ha «devorado» la cercanía, a él solo lo interpelan los detalles más exactos. Puede diferenciar mejor los países por la forma de preparar sus pescados que por sus construcciones y por sus paisajes. Se siente tan en su casa en el detalle que las rutas en el océano donde se cruza con otros barcos (y saluda con el aullido de la sirena a los hombres con quienes comparte empresa) se transforman en ruidosas carreteras en las que hay que ceder el paso. Vive en alta mar en una ciudad donde, en la Cannebière de Marsella, hay un bar de Port Said en diagonal a un burdel de Hamburgo, y el Castel dell'Ovo napolitano se encuentra sobre la plaza Cataluña de Barcelona. Para los oficiales, la ciudad natal conserva aún su primacía, pero para el marinero de cubierta o para el fogonero, gente cuya transportada fuerza de trabajo mantiene contacto con la mercancía en el casco del buque, los puertos conectados ya no son siquiera una patria, sino una cuna. Y al escucharlos toma uno conciencia de cuánta hipocresía hay en viajar.

PROHIBIDO MENDIGAR Y VENDER A DOMICILIO

Todas las religiones han honrado al mendigo, pues él demuestra que el espíritu y los fundamentos, las consecuencias y los principios fracasan vergonzosamente en una cuestión tan prosaica y banal, a la vez que sagrada y vivificante, como era el dar limosna. Se queja uno de los mendigos en el Sur y se olvida que su insistencia ante nuestras narices está tan justificada como la obstinación del erudito ante textos dificultosos. No existe sombra de vacilación, ni el más silencioso querer o considerar, que ellos no perciban en nuestros gestos. Del mismo tipo son la telepatía del cochero, con cuya llamada nos deja claro que no tenemos inconveniente en ir en coche, o la del ropavejero, que alza de entre sus trastos el único collar o camafeo que podría cautivarnos.

HACIA EL PLANETARIO

Si hubiera que formular la doctrina de la antigüedad, brevemente y apoyándose en una pierna, como hizo Hillel con la doctrina judía, la frase debería ser la siguiente: «La tierra pertenecerá únicamente a quienes viven de las fuerzas del cosmos». Nada diferencia tanto al hombre antiguo del moderno como su entrega a una experiencia cósmica que el último apenas conoce. La caída de esta experiencia se anuncia ya en el florecimiento de la astronomía a principios de la Edad Moderna. Ciertamente, a Kepler, Copérnico y Tycho Brahe no los movieron solo impulsos científicos. Y, sin embargo, poner el acento exclusivamente en la conexión óptica con el universo, algo a lo que muy pronto llevó la astronomía, implica un presagio de lo que debía venir. La relación de los antiguos con el cosmos se desarrollaba de manera distinta: en el éxtasis. A fin de cuentas, el éxtasis es la experiencia en la que nos aseguramos lo más cercano y lo más lejano y nunca lo uno sin lo otro. Esto significa que el hombre solo puede comunicarse de manera extática con el cosmos en comunidad. El amenazante equívoco del hombre moderno reside en considerar esta experiencia algo intrascendente, evitable, y dejarla a discreción del individuo como desvarío en bellas noches estrelladas, pero no, una y otra vez resulta necesaria y por eso ni los pueblos ni las generaciones pueden escapar de ella, como se puso de manifiesto de la manera más espantosa en la última guerra, que fue un intento de una nueva e inaudita boda con las fuerzas cósmicas. Masas humanas, gases, fuerzas eléctricas fueron arrojadas a campo abierto, corrientes de alta frecuencia atravesaron el paisaje, nuevos astros se elevaron al cielo, el espacio aéreo y las profundidades marítimas tronaron por efecto de las hélices y en todas partes se cavaron pozos sacrificiales en la madre tierra. El gran cortejo del cosmos tuvo lugar por primera vez a escala planetaria, es decir, en el espíritu de la técnica. Pero como el afán de lucro de la clase dominante tenía la intención de satisfacerse en ella, la técnica traicionó a la humanidad y transformó el lecho nupcial en un mar de sangre. El dominio de la naturaleza, así lo enseñan los imperialistas, es el sentido de toda técnica, pero ¿quién podría tenerle confianza a un maestro castigador, que declarara que el sentido de la educación es el dominio de los niños por parte de los adultos? ¿No es la educación ante todo el ordenamiento insoslayable de las relaciones entre las generaciones y, por ende, si se quiere hablar de dominio, el dominio de las relaciones generacionales y no de los niños? Y así también la técnica no es dominio de la naturaleza, sino dominio de la relación entre naturaleza y humanidad. Los hombres como especie se encuentran hace decenas de milenios al final de su evolución, pero la humanidad como especie se encuentra en su inicio. En la técnica se le está organizando una *physis*, a través de la cual el contacto de la humanidad con el cosmos se produce de manera nueva y distinta que en los pueblos y las familias. Basta con recordar las experiencias con velocidades, merced a las cuales la humanidad se prepara ahora para viajes imprevisibles hacia el interior del tiempo, para allí toparse con ritmos en los que los enfermos se fortalecerán como antes lo hacían en las altas montañas o en los mares del Sur. Los parques de diversiones prefiguran a los sanatorios. El estremecimiento de una verdadera experiencia cósmica no está unido al fragmento minúsculo de la naturaleza que estamos acostumbrados a denominar «naturaleza». En las noches de exterminio de la última guerra, la complexión de la humanidad se vio sacudida por un sentimiento que semejaba la dicha del epiléptico. Y las revueltas que le siguieron fueron el primer intento por conseguir el dominio del nuevo cuerpo. El poder del proletariado es la escala de medición de su convalecencia. Si su disciplina no lo penetra hasta la médula, no lo salvará ningún razonamiento pacifista. Lo viviente solo vence al vértigo del exterminio en el éxtasis de la procreación.

ÍNDICE

Calle de sentido único es un collage de ideas, sueños, análisis y observaciones sobre temas diversos que tiene más de deriva que de ensayo. Es una obra tan estructurada como puede serlo el conjunto de troncos y otros objetos arrastrados por las aguas de un río muy agitado. Todos discurren por un cauce, pero apenas se tocan. Tienen tamaños, densidades y formas distintas, y, aparte de la superficie en la que flotan, les mueven corrientes subacuáticas que no podemos distinguir a simple vista.

Parafraseando al escritor polaco Stanisław Jerzy Lec, estamos ante un texto despeinado, y por tanto un auténtico infierno para cualquier ilustrador o ilustradora que necesite el orden discursivo, la sistematización temática, la regularidad de los bloques de texto y la clara delimitación de la idea fuerza, para poder intercalar sus imágenes como si pegara cromos en un álbum (el 1 allí, el 25 allá, el 240 acá...), que es más o menos lo que se suele hacer.

Sin embargo, pensé que si a Benjamin le importaba un pimiento que este libro tuviera una estructura canónica, quién soy yo, pobre de mí, simple lector y admirador de su pensamiento, para hacer otra cosa con lo mío. Me iluminó especialmente una frase de su *Onirokitsch*: «Los niños no cogen un vaso, meten la mano dentro».

En eso consiste el asunto, en meter la mano o, mejor, en caer al río como un tronco; en dejarse llevar por la corriente, y además de seguir con la vista lo que flota cerca, notar el roce de los objetos que se mueven bajo el agua. Sirve para ilustrar este libro y diría que cualquier otro.

Así, mis ilustraciones no forman una secuencia sincronizada con el texto, tal como aconseja la ortodoxia del oficio: los capítulos (por llamarlos de alguna manera) del texto de Benjamin son tan intercambiables en su orden como mis imágenes.

Tampoco pretenden aclarar nada de su discurso. Entenderlo sin refuerzo va con el cargo de lector. Cierto es que Benjamin, como pensador alemán, era deudor de una tradición filosófica de gran densidad conceptual y cierta complejidad expositiva, pero aquí, además, se le entiende todo, no hay excusa.

No, mi tarea no consiste en traducir en imágenes lo que expone esa riada de pensamiento sobre lo político y lo literario, sobre lo histórico y lo cotidiano, sobre el relato contemporáneo o sobre lo onírico, o sobre la lucha de clases y la pérdida del sentido de la ironía de un pueblo.

Consiste en mostrarles, por si les apetece verlo, lo que pasa en mi cabeza cuando la cruza el discurso de Benjamin. ¿Por qué aparecen Mickey Mouse o Chaplin? ¿Qué diablos pintan Hitler o Lenin con el oficio cambiado? O ¿qué significa esa fecha del 26 de septiembre de 1940? Nada de esto y más aparece en la letra, pero les aseguro que está ahí como corriente de fondo, como nexo con otras obras de Benjamin, como hechos de la época que dio impulso a la obra, y en fin, como referencia a su vida. Es una invitación a que los busquen por su cuenta... o no, porque lo importante es que lean a Benjamin sin distracciones de ningún tipo.

ARNAL BALLESTER